토기장이

"우리는 진흙이요 주는 토기장이시니
우리는 다 주의 손으로 지으신 것이라"(이사야 64:8)

비디 챔버스를 찾아서

Searching for Mrs. Oswald Chambers
by Martha Christian

특별한 표기가 없는 모든 성경 구절은 개역개정성경을 인용한 것입니다.

비디 챔버스를 찾아서

마르다 크리스천 지음 • 스데반 황 옮김

토기장이

"다른 여인들이 즐기는 조용하고 안정된 운명을 버리고 매일 간신히 입에 풀칠하는 삶을 살면서도, 주님과 나를 향한 위대한 사랑으로 당신의 거친 삶을 완벽하고 숭고한 삶으로 승화시키는 당신을 볼 때, 나는 진심으로 머리를 조아려 하나님께 감사를 드립니다.
하나님, 이 여인을 축복하소서!"

오스왈드 챔버스는 아내에게 이 쪽지를 남긴 후 1년 만에 하나님 품으로 돌아갔다.

머리말

하나님, 이 여인을 축복하소서!

예수님은 여성들을 존중하셨고 자유케 하셨으며 그들의 지위를 향상시키셨다.

한때는 여성들이 전혀 가치가 없는 물건이나 하찮은 노예처럼 간주되기도 했다. 또한 사회의 뒷구석에 자물쇠를 걸어 가두어둘 수 있는 노리개로 취급되기도 했다. 이러한 때 예수님께서 오셨다.

예수님은 그분의 어머니 마리아를 사랑하고 돌보셨다. 또한 마리아와 마르다의 오라버니인 나사로가 병에 걸려 죽었을 때 예수님께서 이 두 여인에게 보여주신 사랑과 정성은 그들로 하여금 위기를 잘 감당할 수 있게 했다. 예수님은 사마리아 여인에게 먼저 말을 거심으로 민족간의 차별에 다리를 놓으셨다. 그 여인의 속박을 끊어주시고 그녀에게 영생을 제시해주셨다.

이처럼 예수님은 여성들을 귀히 여기셨다. 십자가에서 자신의 생명을 주시기까지 희생적인 사랑의 본을 보여주시면서, 주님은 여성들로 하여금 자유할 수 있는 길을 마련해주셨다.

「주님은 나의 최고봉」으로 가장 잘 알려진 오스왈드 챔버스는 영적 거인이며 복음적 예언자로 알려져 있다. 그는 아내인 비디 챔버스Biddy Chambers를 그리스도의 사랑으로 사랑했다. 그는 비디를 돌보았으며 그녀를 위해 기도했고 그녀와 함께 하나님을 섬겼다. 1916년, 챔버스는 아내에게 다음과 같은 글을 썼다.

"다른 여인들이 즐기는 조용하고 안정된 문명을 버리고 매일 간신히 입에 풀칠하는 삶을 살면서도, 주님과 나를 향한 위대한 사랑으로 당신의 거친 삶을 완벽하고 숭고한 삶으로 승화시키는 당신을 볼 때, 나는 진심으로 머리를 조아려 하나님께 감사를 드립니다. 하나님, 이 여인을 축복하소서!"

이 고백에도 잘 나타났듯이 비디는 잠언에서 말한 것처럼 "덕행 있는 여자가 많으나 모든 여자보다 뛰어난"잠 31:29 그러한 부류의 여인임이 분명하다.

챔버스가 남긴 이 글은 그가 하룻밤을 멀리 떠나게 되면서 비디의 베갯머리맡에 남긴 쪽지이다. 이 쪽지는 그녀에게 큰 힘과 위로를 주었고, 마음의 짐을 덜어주었으며, 여러 실제적인 삶의 역경을 충분히 넘어서게 했을 것이다.

그녀는 하나님을 이미 잘 섬기고 있었지만 남편에 의해 더욱 하나님의 보좌에까지 이를 수 있었다. 그녀를 향한 남편의 사랑은 그녀로 하여금 그녀 안에 있는 그리스도의 생명에게 자신의 삶을 다 내어놓을 수 있도록 자유하게 했다. 그래서 그녀는 주변 사람들에게 그리스도의 사랑을 흘러넘치게 하는 영향력 있는 삶을 살 수 있었다.

이 귀한 쪽지를 남편으로부터 받은 1년 후, 오스왈드 챔버스 부인은 홀로 남겨진다. 겨우 7년의 결혼 생활! 남편의 갑작스런 죽음은 비디에게 홀로 키워야 할 어린 딸 하나와 고향에서 수천 마일 떨어진 곳에서의 불확실한 미래만을 남겨주었다. 그러나 비디 챔버스는 예수 그리스도를 믿는 믿음의 확신을 가지고 모든 역경을 받아들였다. 이때 그녀에게 하나님의 말씀이 주어졌다.

"내 영혼을 옥에서 이끌어내사 주의 이름을 감사하게 하소서 주께서 나에게 갚아주시리니 의인들이 나를 두르리이다"시 142:7.

이제 하나님의 풍성한 은혜 가운데 오스왈드 챔버스 부인을 찾아가보자.

_ 마르다 크리스천

차례

❀ ❀ ❀

탐구여정 1

❀ ❀ ❀

B.C.가 도대체 누구일까?

「주님은 나의 최고봉」My Utmost for His Highest은 북미 지역 거의 대부분의 기독교 가정에서 적어도 한 권 정도는 가지고 있는 책이다. 20세기 초, 오스왈드 챔버스라고 불리는 위대한 영적 거장이 남겨놓은 말씀이 여러 세대를 걸쳐 예수님과 더욱 가까이 동행하기를 원하는 수많은 사람들을 위로해왔던 것이다. 오스왈드 챔버스는 이 책에서 하나님을 향한 충성과 함께 오직 예수님께 모든 해답이 있음을 알리려는 순수한 동기로 그분의 진리를 어떻게 붙잡을 수 있는지 즐거이 가르친다.

영적 성장을 추구하며 하나님께서 나를 사로잡기를 간절히 원하는 가운데 나는 1993년에 「주님은 나의 최고봉」을 소개받게 되었다. 나는 당장 그 책을 구입했다.

첫 장을 넘기자마자 서문이 보였다. 간략하게 첫 페이지를 훑어보는데 페이지 끝에 B.C.라는 약자가 눈에 띄었다. 별다른 생각 없이 그 다음 페이지로 넘어갔다. 맨 위에 '1월 1일' 이라고 표시되어 있었다.

나는 매일 날짜별로 구성된 오스왈드 챔버스의 귀한 가르침을 묵상하면서 성경 구절을 직접 찾아보기도 했다. 오스왈드 챔버스가 하나님을 알았듯이, 나도 하나님을 알게 해달라고 기도했다. 그러던 어느 날 예수님만이 (예수님에 대해 내가 믿는 내용이 아니라) 믿음의 열쇠임을 깨닫게 되었다.

오스왈드 챔버스의 가르침을 묵상하던 첫해는 나의 영적 성장이 매우 느린 것을 느끼면서 갈등 가운데 부끄러움을 가졌다. 그러나 삶의 문제를 초월하는 기쁨을 알기 시작한 후로, 그 다음 해에는 더 나은 영적 성장이 있을 것을 기대할 수 있게 되었다.

시간이 지나 「주님은 나의 최고봉」과 함께 새해를 맞이하게 되었다. 나는 다시 책을 펼쳐 이번에는 천천히, 그리고 자세히 보았다. 그러자 서문이 다시 새롭게 다가왔다.

서문에는, 「주님은 나의 최고봉」이 1900년대 초에 발행되었고 저자 오스왈드 챔버스는 1917년에 세상을 떠났다고 나와 있었다. 나는 이 책의 저작권이 누구에게 있으며 언제 발행된 것인지 살폈다. 그러나 그 책의 저작권에 대해 도무지 알 수 없었다. 마치 내게는 수수께끼 같았다.

"풀어야 할 숙제가 하나 생겼군!"

나는 내 곁에서 게으름을 부리는 고양이 세바스찬을 바라보며 말했다. 그리고 손가락을 들어 마치 군대를 이끄는 대장이 돌격을 명령하는 것처럼 전진 동작을 취했다. 앞으로 이 수수께끼를 풀어갈 생각을 하니 흥분과 긴장이 감돌았다. 이렇게 하여 나의 진지한 탐구여정은 시작된 것이다. 세바스찬은 나의 모습을 보면서 하품을 하고 몸을 긁더니 무관심하다는 듯 다른 곳으로 가버렸다.

나는 다시 집게 손가락으로 책상을 가볍게 두드리면서 깊은 생각에 잠겼다.

"이 책이 만들어지게 된 이유는 저자의 가르침을 통해 많은 사람들이 주께 돌아오게 하기 위함이며, 이 책을 만드는 과정 가운데 매일 저자의 메시지를 통해 성령의 감동과 살리는 영의 역사가 계속될 수 있도록 기도했습니다." – B.C.

서문의 마지막은 B.C.로 끝나고 있었다.

'B.C.는 누구일까? 약자만 있고 이름은 없네. 오스왈드 챔버스의 약자라면 O.C.였을 텐데 이 사람은 도대체 누구일까?'

나는 글의 힘이 얼마나 대단한 것인지 잘 알고 있다. 특히 미국 상원의원의 교목이었던 리차드 핼버슨 목사님이 "처음 책에서 배운 내용들은 언제나 나의 인생 속에 함께했으며 오직 성경만이 그 책들보다 좀 더 많은 영향을 미쳤다"고 고백한 말을 들은 후, 나는 더욱 글의 힘을 믿게 되었다. 혹시 핼버슨 목사님이 오스왈드가 이 땅을 떠난 후에 서문을 썼던 것은 아닐까 하는 추측을 해보았다. 그러나 그렇다면 서문의 끝에 약자가 R.H.여야 하지 않겠는가! 분명히 서문을 쓴 사람은 오스왈드의 가장 친한 친구일 텐데 '왜 약자를 썼을까' 라는 의문이 들었다.

생각을 멈추고 지적 탐험을 잠깐 보류한 채 다시 집안 일을 했다. 과자를 굽고 친구로부터 전화를 받고 이곳저곳 청소를 했다. 그러나 그 모든 일을 하는 내내 B.C.라는 약자가 내 머릿속에서 떠나지 않았다. 자동차 열쇠를 찾으며 '다른 일에 신경을 써야겠다' 고 생각했다.

나열된 질문들이 담긴 노트를 책상 한쪽에 밀쳐두고 시장에 가서 장을 보기 위해 바깥 세상으로 나왔다. 푸른 하늘이 보였다. 푸른 하늘은 언제나 나를 행복하게 만들었다.

'그 약자가 내 정신을 빼놓는군. 부질없는 시도를 하고 있는 것은 아닐까?'

계단을 내려가서 차를 탔다. 나의 관심은 B.C.의 주인공을 찾는 것으로부터 점차 마음의 평정을 찾는 것으로 바뀌었다. 운전석에 앉아 안전벨트를 찼다. 이웃집 쓰레기통에 부딪히지 않고 차를 잘 뺀 후에 시내로 달렸다. 머릿속의 번잡한 생각들을 뒤로하고 운전에만 집중했다. 오늘 해야 할 일을 다 마친 후 늦은 저녁에나 다시 이 수수께끼를 생각해보기로 다짐했다.

할 일을 다 마친 후에 개와 고양이에게 먹을 것을 주니 집이 조용해졌다. 다시 그 수수께끼에 몰두했을 때 내 마음속에는 "왜"라는 질문이 "누구"라는 질문으로 바뀌어 있었다.

"자, 이제 어디서부턴가 시작을 하자"라고 말한 후, 내 노트에 "누군지 찾아라"라고 재빠르게 적었다. 그러나 바쁜 일상 때문에 정작 B.C.에 대해 집중해서 생각하게 된 것은 한 주가 지난 후였다. 자녀들이 다 컸지만 여전히 전화로 그들과 계속 연락을 해야 했고, 가르치는 일에 종사하고 있으니 강의 계획에 따라 움직여야 했다. 물론 내가 기르던 개와 고양이에게도 신경을 써야 했다.

어느 정도 여유를 가지고 아침 일찍 해돋이를 즐길 수 있었다. 장미빛에서 분홍빛으로, 엷은 청색으로, 그리고 마침내 전혀 감동이 없는 일몰로 바뀌는 하늘도 보았다.

"하나님, 하늘을 창조하신 하나님께 감사합니다."

또한 어두워지는 하늘을 보며 속삭였다.

"예수님, 세상의 빛을 창조하심을 감사합니다."

'금맥을 파보자'는 생각이 든 것은 1994년 9월이었다. 「주님은 나의 최고봉」의 첫 페이지에 영국 런던이 언급되어 있었기에 일단 그곳에 전화를 해보기로 결심했다.

B.C.에서 C는 분명히 챔버스Chambers의 약자라는 생각을 했다. 그래서 런던 및 이곳 캐나다의 교환원의 도움을 받으며 전화해야 할 구역을 축소시켜 나갔다. 여러 번의 전화 통화를 시도하면서 멜빈 챔버스Melvin Chambers는 오스왈드 챔버스와 관련이 없다는 사실을 알게 되었다. B.C.가 누구인지를 아는 사람들을 찾아내는 일은 쉽지 않았다.

당시 런던의 어떤 특정한 성을 가진 사람들과 주변 친척들은 북미의 어느 여인이 왜 자꾸 전화를 하는지 매우 의아해하고 있었다. 그 여인이 남긴 메시지는 언제나 똑같았다.

"챔버스 부인께, 꼭 저에게 전화 좀 해달라고 전해주세요."

답변이 있든 없든 상관없이 나는 계속 영국의 '챔버스'라는 성을 가진 모든 부인들에게 전화를 하고 있었다. 대부분의 장거리 전화 교환원은 매우 친절하고 인내심이 많았다. 한번은 닭고기국을 끓이다가 영국에서 걸려온 전화를 받았다. 독감에 걸린 듯한 목소리의 부인과 통화하다가 엉뚱한 양념을 음식에 집어넣어 음식을 다 망친 적도 있었다.

대부분의 '챔버스' 성을 가진 사람들은 런던 주변에 살고 있는 것 같았다. 1800년에 금광을 찾아 떠나던 광부들처럼, 나는 막막하지만 무작정 땅을 갈기 시작했다. 절대로 중간에 멈추지 않을 각오를 했고, 심지어 목이 말라도 안일하게 물만 마시며 쉬려는 생각 자체를 아예 버리기로 했다. '적어도 나는 산에 오르는 긴 장화를 신거나 무거운 장비를 들고 다닐 필요는 없지'라고 생각했다.

금을 찾아 떠났던 광부들과의 차이가 있다면, 나는 다른 종류의 금맥을 찾고 있다는 점이다. 값비싼 보석이나 돈으로 바뀌는 번쩍이는 황금을 찾아 떠나는 것이 아니었다. 나는 다시 한번 내 마음을 확인해보았다.

'그래, 나는 금보다 더 귀한 믿음을 찾아 떠나는 것이다. 성경은 "너희 믿음의 확실함은 불로 연단하여도 없어질 금보다 더 귀하여 예수 그리스도께서 나타나실 때에 칭찬과 영광과 존귀를 얻게 할 것이니라"벧전 1:7고 말하지 않았던가!'

초기 광부들이 금을 찾아 고향을 떠나 유콘Yukon을 향한 것처럼 나도 내가 해야 할 의무를 느꼈다.

'그래도 나는 좋은 입장이지. 적어도 높은 산을 오를 필요도

없고 회색곰을 만나 도망칠 필요도 없지 않은가!'

이런 생각을 하며 눈앞에 놓인 과자를 우적우적 씹어먹었다. 하지만 내 마음속에는 예수 그리스도를 전심으로 따르려는 자들에게는 고난이 있을 것이 예감되었다. 믿음은 시련의 도가니를 통해 단련되기 때문이다.

'결국 예수님의 제자들도 엄청난 희생을 했고 초대교회 성도들은 사자에게 던져지고 나무에 달려 화형을 당했지. 우리는 세월이 지나더라도 성도들과 순교자들을 잊어서는 안 된다. 이 땅의 선교사들을 기억해야 한다. 또한 병든 자들, 자녀를 잃은 자들, 장애인들처럼 고통당하는 사람들을 잊어서는 안 된다.'

이런저런 생각에 본론에서 벗어나는 것을 느낀 나는, 다시 전화를 들어 다른 장거리 전화를 시도했다.

마침내 계속 반복되는 전화를 시도한 결과, '캐스린 챔버스' Kathleen Chambers의 전화번호를 얻게 되었다. 그때 내 마음속에 이 이름이 오스왈드 챔버스의 딸이었으면 좋겠다는 바람이 생겼다.

다급한 마음으로 전화를 했고 교환원이 내 전화를 상대방의 전화에 연결하기를 기다리는 동안 초조함이 밀려왔다. 얼마 후 어떤 여인이 말했다.

"여보세요?"

또렷하고 낭랑한 목소리가 들렸다. 나중에 알고 보니 이 여인은 상상할 수 없을 만큼 따스한 마음을 가졌다.

"전화로 폐를 끼치게 되어 죄송하지만, 저는 지금 챔버스라는 이름을 가진 어떤 분을 찾고 있습니다."

"그래요?"

“제 생각에 그 이름은 오스왈드 챔버스와 관련되거든요.”

“그런데요?”

“아무튼 저와 대화를 나누어주셔서 감사한데요, 저는 지난 여러 주 동안 챔버스라는 어떤 분을 찾고 있었답니다. 멜빈 챔버스는 분명히 아닌 것으로 확인했지요.”

“네.”

“이곳은 캐나다인데 제 목소리가 그곳에서도 잘 들리나요?”

“잘 들려요.”

조금 어색하다는 느낌은 들었지만 나는 곧바로 본 용건에 들어가기로 했다.

“혹시 오스왈드 챔버스에 대해 아는 바가 있으신지요?”

“그럼요. 알지요.”

“와, 대단하시네요. 그분 딸이 지금 그곳 영국에 계시다고 하던데, 저는 그 따님을 찾기 위해 이렇게 계속 전화하고 있어요.”

나는 잠시 마음을 진정시킨 후에 다시 말을 이었다.

“참, 제가 오스왈드 챔버스의 책을 읽었답니다. 그런데 이상한 점은 서문에 B.C.라는 약자가 있는 거예요.”

“네. 그래서요?”

“혹시 바쁘신데 제가 방해하고 있는 것은 아닌가요?”

“아니예요.”

“오, 좋아요. 계시는 곳과 제가 있는 곳이 시간 차가 나서 혹시나 하구요.”

내가 좀 어리석게 느껴졌다.

‘이런, 왜 이런 말부터 해버린 거지?’

"계속하세요."

그녀가 끈기 있게 대답했다. 교양 있는 이 여인이 나를 정신 나간 사람으로 생각할지도 모른다는 생각이 들었지만, 나는 그냥 전화한 이유를 말해버렸다.

"대단히 오래전에 살았던 오스왈드 챔버스라는 목사님에 대해 혹시 아시는지요?"

"물론이죠. 그분은 제 아버지예요."

나는 그녀의 웃는 소리를 들었다.

갑자기 말을 이을 수 없었다. 이러한 모습은 나답지 않은 것이었다. 나는 다시 흥분을 가라앉히고 계속 말을 이었다.

"그렇다면, 「주님은 나의 최고봉」 책의 서문에 있는 B.C.라는 약자의 의미도 아시겠네요?"

"B.C.는 비디 챔버스Biddy Chambers예요. 제 어머니지요."

"오, 저의 막연한 기대가 맞았군요."

"죄송하지만 당신이 어떤 분이신지 제게 말씀해주실 수 있나요?"

그녀가 물었다. 나는 그녀에게 잠언 31장의 현숙한 여인에 관한 정보를 탐구하는 작가라고 소개한 후에, 정말로 어떤 여인이 성경 말씀에 나온 대로 살아갈 수 있는지 그 질문에 대한 답변을 찾고 있다고 대답했다.

나의 탐구여행은 1983년경부터 시작되었다. 그 당시 나는 잠언 31장의 '현숙한 여인'의 삶에 대해 연구를 하고 있었다. 그러한 삶을 나도 살아보겠다고 다짐하면서 현 시대 속에서 그러한 삶을 실제로 살아간 그리스도인 여성을 찾아 신앙의 본으로 삼고 싶었다. 친구들과 대화를 나누며 교회에 가서 성경연구를 하는 가운데 이 시대 대부분의 여성들이 참된 만족을 느끼지 못한 채 살고 있다는 사실을 알게 되었다. 텔레비전 상업 광고가 아무런 수고 없이 옷의 먼지와 때를 다 제거할 수 있는 세탁기를 선전한다고 해도, 현대 여성들은 불만족으로 가득 차 있다.

이무튼 캐스린 챔버스와 나는 한 시간 이상 대화를 나누었다. 그러면서 나는 기록할 수 있는 한 모든 것을 신속하게 기록했다.

캐스린 챔버스는 그녀의 어머니 오스왈드 부인 곧 비디 챔버스에 대한 이야기를 해주기 위해 시간을 내주었다. 비디를 만났던 많은 사람들이 그녀를 "비디 아주머니"라고 불렀다고 했다.

나는 내 귀를 믿을 수 없었다! 내가 찾던 비디 챔버스B.C.는 잠언 31장에 서술된 바로 그 현숙한 여인이었던 것이다. 만일 영적 세계의 사전이 있어서 거기서 '현숙한 여인' 이라는 주제를 찾으면 반드시 비디 챔버스가 나올 것이다.

비디 챔버스는 예수 그리스도를 향해 쉬지 않고 타오르는 믿음을 소유한 여인이었다. 그녀는 믿음에 따라 살았으며 다른 사람들은 그녀의 삶에서 그리스도를 볼 수 있었다. 그리스도의 빛은 십자가의 길을 따르는 충성된 성도의 삶을 통해 비치게 되어 있다. 비디 챔버스는 바로 그러한 믿음의 여인이었고 예수 그리스도의 사랑을 반사하는 여인이었다. 캐스린의 말에 따르면, 많은 영혼들이 비디를 만나 대화를 나눈 후에 새로운 삶을 발견했다고 한다. 예수님께서 말씀하셨다.

“너희는 세상의 빛이라 산 위에 있는 동네가 숨겨지지 못할 것이요 사람이 등불을 켜서 말 아래에 두지 아니하고 등경 위에 두나니 이러므로 집안 모든 사람에게 비치느니라 이같이 너희 빛이 사람 앞에 비치게 하여 그들로 너희 착한 행실을 보고 하늘에 계신 너희 아버지께 영광을 돌리게 하라”마 5:14-16.

캐스린의 이야기를 들으면서, 나는 오스왈드 챔버스 부인이 현숙한 여인으로서의 모든 본질을 영적으로나 정신적으로 다 소유하고 있었다는 사실을 깨닫게 되었다. 나는 그녀가 누구였는지, 어떠한 삶을 살았는지, 어떻게 예수 그리스도의 영이 그녀를 이끄셨는지, 어떻게 생명의 빛이 그녀의 매일의 현실적인 삶 속에서 실제적으로 나타났는지 찾아내고 싶었다.

내가 분명하게 알 수 있었던 것은, 비디가 믿음대로 살았다는 것이다. 그러한 믿음의 행위는 나그네를 자기 집에 기꺼이 맞이하는 모습에서, 어린아이의 눈물을 닦아주는 모습에서, 밤늦게까지 앉아 남편의 설교나 강의, 메모들을 다시 정리하여 적고 타이핑했던 모습에서 나타났다. 그녀의 믿음의 삶은 지극히 높은 곳에서의 부름이었다. 무엇보다 내게 도전을 준 사실은, 그녀가 자신에게 관심이 없었다는 점이었다. 나는 그녀의 이름을 “겸손의 챔버스 부인”이라고 부르고 싶다.

나는 정금보다 훨씬 귀한 보배를 발견했다! 비디 챔버스는 내가 상상할 수 없는 시대, 차와 컴퓨터가 없던 세상에서 살았다. 물론 잠언 31장의 묘사된 여인과 비교하면 비디는 ‘현대’ 여인으로 분류될 것이다. 아무튼 나는 챔버스 부인의 삶에 사로잡

히게 되었다. 더 이상 그녀의 삶을 모른 체할 수 없었다. 집요한 내 성격에, 그녀에 대해 모든 것을 알아내야만 했다.

그 다음날, 멋지게 포장된 도로에서 최신형 자동차를 몰고 달리며 나는 생각에 빠졌다.

'그때는 그때이고, 지금은 지금이지. 현대 기독교 여성은 어떠한 모습이어야 할까? 잠언 31장의 현숙한 여인의 모습은 지금 이 시대에서는 어떻게 나타날까? 이 시대의 현숙한 여인으로서 그리스도의 향기를 어떻게 드러내야 하는 것일까?'

그 다음 몇 주간, 나는 대부분의 시간을 연구하는 데 사용했다. 연구 중에 오스왈드 챔버스의 삶은 마치 어두움 속에서 강한 빛을 비추고 사라지는 하늘을 가르는 행성처럼 느껴졌다. 캐스린과의 첫 번째 통화에서 그녀가 비디 챔버스에 대해 말해준 이야기들은 내 마음속에 하늘의 별들처럼 계속 반짝이고 있었고, 그리스도의 십자가를 바라보도록 방향을 제시하고 있었다. 비디 챔버스의 이야기는 나에게 시편 19편 1절을 떠올리게 했다.

"하늘이 하나님의 영광을 선포하고 궁창이 그의 손으로 하신 일을 나타내는도다."

나는 장거리 전화 비용이 얼마가 들든 별로 신경 쓰지 않았다. 캐스린은 믿을 수 없을 정도로 내게 친절했다. 오스왈드와 거트루드 비디Gertrude Biddy 챔버스의 외동딸인 캐스린은 낯선 여자인 나에게 자신의 귀한 시간을 내주며 대화를 나누어주었다. 그녀와의 대화는 나의 신앙생활을 숨막힐 정도로 멋진 영적 탐험의 세계로 이끌어가고 있었다. 그녀는 살아 있는 유산이었다.

강물이 샘의 근원에서 시작해 마지막 지향점을 향해 흐르는 것처럼, 내가 지금부터 발견하는 이야기들은 과거로부터 시작해 아무도 모르는 미래를 향해 계속 흐르게 될 것이다. 나는 그 강물의 흐름을 따라가보기로 다짐했다.

1장

갑작스럽게 홀로 남겨지다

"예수께서 들으시고 이르시되 이 병은 죽을 병이 아니라 하나님의 영광을 위함이요 하나님의 아들이 이로 말미암아 영광을 받게 하려 함이라 하시더라"요 11:4.

비디 챔버스는 머리를 가지런히 빗고 남편과 함께했던 여러 사건들을 떠올리기 시작했다. 잠깐 이집트 자이툰의 예배실 막사에 들어가 나무의자에 홀로 앉았다. 여전히 남편이 설교하는 장면이 보였다. 아무리 피곤해도 하나님의 능력을 의지하는 가운데 끔찍한 1차 세계대전으로 지쳐 있는 병사들을 매일 밤마다 예수 그리스도의 빛과 소망으로 인도하고 위로했던 남편이었다.

남편의 묘지 앞에 세운 십자가 표지에는 간단하게 이렇게 적혀 있다.

"오스왈드 챔버스 목사. YMCA 장교, 1917년 11월 15일, 43세로 잠들다."

'이제 겨우 일주일 밖에 안 되었단 말인가?'

나무 십자가가 새겨진 오스왈드 챔버스의 묘석. 1917년 11월 15일, 향년 43세.

비디는 두려움의 눈물을 짓누르고 있었다. 그녀는 앞으로 나아가야 한다는 것을 알았다. 장병들, 지원병들, 그리고 남편의 충성된 친구들은 그녀가 강하게 일어날 것을 믿었다. 그들은 그녀의 힘센 발걸음, 남들에게 전달되는 웃음, 융숭한 대접, 사막의 뜨거운 열을 견디는 그녀의 능력에 익숙해 있었나. 그녀의 먼지 묻은 긴 치마와 바람에 날린 머리카락을 제외하면 그녀는 사람들 앞에서 언제나 깔끔하게 단장한 모습을 보였다. 그 당시 유행에 따라 목까지 올라오는 칼라를 입었으며 그녀의 갈색 머리카락을 머리 위로 올려 묶었다. 세찬 바람과 날리는 모래 속에서도 비디 챔버스는 전형적인 영국 숙녀의 모습을 하고 있었다.

친숙한 막사를 둘러보면서 비디는 오스왈드가 세상을 떠났다는 사실이 도무지 믿어지지 않았다. 남편이 살아 있을 때는 막사의 모습이 그렇게 거칠고 울퉁불퉁하다는 것을 느낀 적이 없었다.

"남편이 죽었으니 이제 모든 것이 끝장인가? 지금 남편의 손길이 너무나 필요하구나."

비디는 아무도 없는 막사에 앉아 혼잣말을 했다. 비디는 언제나 남편 오스왈드가 어떻게 그녀를 위로했는지를 기억했다.

"머리와 몸과 가슴의 궁핍이 우리로 하여금 주의 무한하신 자원으로 인도한다면 복이 되는 것이지."

사실 그러했다. 그러나 아무리 남편이 그녀 곁에 있었어도 오랜 시간 동안 수없이 많은 병사들에게 음식을 제공한 후에 딸을 돌아볼 때가 되면, 아무리 부지런하고 힘 있는 비디라고 하더라도 가끔은 너무 힘들다고 느끼곤 했다.

"오스왈드 챔버스 부인이신가요?"

대단히 먼 거리에서 들리는 음성 같았다.

"네. 제가 챔버스 부인인데요. 무슨 일인가요?"

비디는 일어나 한 병사가 서 있는 것을 보고 다소곳이 웃음을 띄었다. 그러나 그 병사의 얼굴은 너무나 상심한 모습이었다. 그는 손에 모자를 들고 있었다.

"그러면 챔버스 부인, 오늘 밤에 저희들과 말씀을 나누실 수 있나요?"

"네, 그러지요. 그렇게 하겠습니다."

"고맙습니다. 그러면 그때 뵙지요."

20세 밖에 안 되었을 그 오스트레일리아 장병은 전쟁에 찌들어서 그런지 나이가 많이 들어 보였다. 아마도 비통과 슬픔은 사람들을 빨리 늙게 만드는 것 같다.

"그래요, 그때 뵙겠습니다."

비디가 대답했다.

"그때 뵈어요."

병사가 인사를 하고 돌아섰다.

오스왈드는 하나님과 함께 있지만, 그는 아내가 이집트에서 계속 사역을 감당하기를 원했던 것 같다. 병사의 뒷모습을 지켜보던 그녀의 마음속에 "남편의 사역을 이어 이곳에서 계속 다음 단계로 뭔가 해야겠다"는 생각이 들었다.

비디는 남편이 이집트에 도착한지 얼마 안 되어 그녀에게 남긴 쪽지의 글을 소중히 간직하고 있었다.

다른 여인들이 즐기는 조용하고 안정된 문명을 버리고 매일 간신히 입에 풀칠하는 삶을 살면서도, 주님과 나를 향한 위대한 사랑으로 당신의 거친 삶을 완벽하고 숭고한 삶으로 승화시키는 당신을 볼 때, 나는 진심으로 머리를 조아려 하나님께 감사를 드립니다. 하나님, 이 여인을 축복하소서!

어떻게 젊은 과부가 영국 고향 땅으로부터 수천 마일 떨어진 곳에서 장병들을 돕는 일을 할 수 있다는 말인가? 전쟁 가운데서도 하나님의 섭리를 외쳤던 남편의 메시지를 사랑했던 군인들에게 이제 무엇을 말해야 하는가?

"전쟁 가운데에서의 하나님의 섭리라…."

비디는 중얼거려보았다. 그녀는 머리가 무거워지는 것을 느끼며 어깨가 저절로 처졌다. 마음이 너무 아파서 견딜 수가 없었다. 악몽을 꾸는 것처럼 나무의자에 주저앉아 두 손으로 얼굴을 감쌌다. 그때 그녀는 하나님의 은혜가 언제나 족하다는 것을 느꼈다. 남편이 병들어 있던 때 하나님의 말씀이 그녀에게 임하면서 슬픔을 이길 수 있도록 도와준 것이 기억났다.

"이 병은 죽을 병이 아니라 하나님의 영광을 위한 것이라."

여전히 하나님께서 같은 메시지를 그녀에게 주시는 것 같았다. 그녀가 성경을 펴니 하나님의 말씀이 계속 들려왔다.

"네 평생에 너를 능히 대적할 자가 없으리니 내가 모세와 함께 있었던 것같이 너와 함께 있을 것임이니라 내가 너를 떠나지 아니하며 버리지 아니하리니 강하고 담대하라 너는 내가 그들의 조상에게 맹세하여 그들에게 주리라 한 땅을 이 백성에게 차지하게 하리라"수 1:5-6.

비디는 언제나 들고 다니는 노트패드한 장씩 떼어 쓰게 된 노트를 꺼내이 약속을 받아 적었다.

"엄마!"

캐스린이 어느새 그녀 곁에 서 있었다. 어린 딸 캐스린의 믿음은 언제나 그녀에게 힘과 위로를 주었다. 캐스린은 하나님께 질문을 하거나 어떻게 된 것인지 궁금해하지 않았다. 캐스린은 예수님께서 언제나 최선을 아신다고 믿었다.

비디는 딸을 가까이 끌어안았다.

"엄마, 스켈리웨이scallyway가 무슨 뜻이에요?"

캐스린은 엄마의 팔에 매달리며 물었다. 비디는 웃었다.

"하나님께서 주신 아름다운 꽃, 우리 딸!"

캐스린과 비디 챔버스.

비디는 네 살 난 딸의 부드러운 머릿결을 쓰다듬으며 속삭였다. 그리고 캐스린을 자기 무릎에 앉혔다.

"먼저 발음을 제대로 해야 하는데 원래 발음은 '스칼리웨그' ska-li-wag 란다."

비디는 어린 딸을 번쩍 들어 자기 무릎에 앉혔다.

"왜 아빠가 나를 그렇게 불렀지요?"

"아빠가 너를 너무나 사랑해서 그랬지."

"그런데 무슨 뜻이에요?"

"그 뜻은 저녁이 준비되었다는 뜻이란다. 오늘 저녁에는 손님이 몇 명이나 올 것 같니?"

"많이요. 항상 많았잖아요!"

캐스린은 엄마 무릎에서 바닥으로 뛰어내렸다.

"그래, 그렇지. 그러면 빨리 가서 세수하고 머리를 예쁘게 묶어야지? 네 리본이 옆으로 비뚤어졌어."

비디는 문 쪽을 향해 딸을 살짝 밀었다. 이때 갑자기 캐스린이 심각한 표정을 하며 엄마에게 질문했다.

"만일 아빠가 하나님과 함께 계시다면 오늘 밤에 여기에 계실 수 있나요?"

딸의 이 질문은 비디의 마음을 칼로 도려내듯 아프게 했다. 의자에서 일어서면서 비디가 치마를 펴며 다정하게 대답했다.

"나중에 이야기해줄게. 그러나 당연히 가능하지."

딸이 그 대답을 듣고 웃음을 지었다.

"그럴 줄 알았어요. 엄마, 하나님께는 모든 것이 가능해요."

비디는 좋은 엄마였다. 강하고 따스하고 상냥한 엄마였다. 그녀는 딸을 실망시키고 싶지 않았다.

"잠깐만 엄마가 혼자 있게 해주렴."

캐스린이 막사를 떠나자, 비디는 눈물이 흐르는 것을 막을 수가 없었다. 그때 그녀 곁에, 성경을 놓는 탁자 위에 파리채가 보였다.

'아니, 이 파리채는 남편이 항상 들고 다니던 것 아닌가?'

그녀는 언제나 수많은 곤충들과 싸워야 했다. 특히 파리는 사람들을 너무나 짜증나게 만들었다. 이제 파리채로 파리들을 잡느라 그녀를 깜짝 놀라게 해주던 남편은 더 이상 없다.

손님들을 맞이하고 저녁을 마친 다음 자기 나름대로 '저녁 준비'에 바빴던 캐스린은 어느새 침대에 가서 잠이 들었다. 비디는 다시 예배실 막사로 갔다. 그러나 마음이 진정되지 않았다. 그 다음날이면 전쟁터에서 죽을지도 모를 병사들, 또한 머나먼 조국과 가족들을 그리워하는 군병들에게 소망을 줄 수 있는 메시지를 준비해야 했기 때문이다.

비디는 나무의자에 길게 앉아 있는 군인들에게 다가갔다. 사막의 열기가 여전히 뜨거웠기 때문에 군인들은 밖에 앉아 있었다. 그들 곁을 지나가면서 비디는 조용히, 그러나 간절하게 하나님께, 자기에게 힘을 주시며 자기를 지켜 보호해달라고 기도했다. 그 후 호흡을 깊게 들이마신 후에 치마를 꽉 붙들고 남편 오스왈드가 섰던 단에 씩씩하게 걸어올라갔다. 그리고 청중을 둘러보았다. 하나님의 사랑이 그녀의 눈을 통해 그들에게 흐르기 시작했다. 그러자 그녀는 가슴 깊은 곳으로부터 말씀을 전하기 시작했다.

"예수님께서 자신을 믿으라고 말씀하시면 그 음성은 우리에게 마치 언제 떨어질지도 모르는 높은 탑에 기어올라가라는 것처럼 느껴질 것입니다. 그러나 실제는 그렇지 않습니다. 예수님을 믿는다는 것은 능력의 장소, 기쁨의 장소, 안전한 장소를 얻게 되었다는 말씀입니다. 예수님을 믿으십시오. 예수님에 대해 믿는 것이 아니라 예수님을 믿으십시오. 오늘 밤에 만일 오스왈드가 이곳에 있었다면 분명히 여러분들에게 이 말씀을 전했을 것입니다. 우리는 전진해야 합니다. 매일 하나님을 의지하면서 앞으로 나아가야 합니다. 주님은 믿는 우리에게 어김없이 충분한 힘을 공급하실 것입니다. 우리는 어떠한 상황에서든지 평안을 누릴 수 있습니다. 그 이유는 예수 그리스도의 빛이 우리를 완전한 나날들로 이끄실 것이기 때문입니다. 전쟁이 없고 더 이상 전쟁의 소문도 없는, 오직 어린양이 사자와 함께 뒹구는 그러한 날이 오고 있습니다."

예배를 마친 후 비디는 홀로 남아 그 밤의 집회를 기억해보았다. 어떻게 그들의 얼굴들을 하나하나 다 볼 수 있었는지 신기했다. 비디는 "마치 휘장이 거두어진 것 같았어"라고 조용히 혼잣말을 했다.

오스왈드는 하나님을 향한 그의 사랑으로 인해 자신의 모든 것을 이집트 자이툰에 다 쏟아부었다. 하나님의 말씀은 영원하기 때문에 그의 영향력은 영원할 것이다. 조금도 의심 없이 하나님께 강한 믿음을 가지라고 외쳤던 오스왈드의 견고한 가르침! 비디는 남편의 이러한 가르침이 결코 헛수고가 되지 않을 것을 알고 있었다. 오스왈드는 자주 빌립보서 2장 17절을 인용했다.

"만일 너희 믿음의 제물과 섬김 위에 내가 나를 전제로 드릴지라도 나는 기뻐하고 너희 무리와 함께 기뻐하리니."

오스왈드는 하나님과 그분의 섭리, 그분의 방법을 의심한 적이 없었다. 그는 군인들의 마음속에 하나님의 뜻을 행하려는 간절함이 생길 때 비로소 하나님의 뜻을 분명히 알도록 인도함을 받을 뿐 아니라 그들의 삶 가운데 그 뜻을 수행해 나아가게 될 것이라고 강조하곤 했다.

'내일이면 죽을지도 모를 인생들…."

그녀는 어린 군인들을 보면서 가슴이 아팠다. 남편 때문에도 가슴이 찢어졌지만, 여전히 십대 소년인 어린 군인들이 전쟁터에서 죽어갈 것을 생각하니 안타까워서 견딜 수가 없었다.

오스왈드가 그렇게 사랑하던 낡은 성경책을 붙들자 위로가 되었다. 마침내 또 다시 혼자 있게 되었다. 그러나 방황하는 자신의 영혼을 허락하지 않고 마음을 집중하여 생각을 모았다. 오스왈드가 이집트에 도착한 이후로 줄곧 그를 의지했던 군인들이 지금은 그녀를 의지하느라 그녀 주변에 서성이고 있다는 사실을 알고 있었다.

'그때가 벌써 3년 전이던가?'

비디는 마음이 흩어지지 않도록 한곳으로 마음을 모으고 있었다.

"어떻게 사람이 이토록 외로울 수 있는 것일까?"

비디는 조용히 혼잣말을 했다. 그녀가 몹시 그리워하는 것 중 하나는 남편과 함께 하루를 마치고 그날 있었던 일들을 나누는 것이었다. 그때마다 얼마나 서로 웃고 함께 기뻐했던지!

오스왈드의 병은 갑자기 찾아왔던 것 같다. 그때도 지금처럼 매우 바쁜 때였다. 하루는 오스왈드가 건강해 보이는 표정과 힘찬 발걸음으로 진영을 돌았다. 그러나 그 다음날은 그의 몸 상태가 아주 좋지 않았다. 배가 너무 아프다는 것이었다.

"아무 일도 아닐 거야."

오스왈드는 아내를 안심시켰다.

"뭘 잘못 먹어서 그런 것 같아. 당신이 해준 음식…."

아픈 가운데서도 그는 아내와 장난을 치며 농담을 했다. 그

1917년 9월의 오스왈드 챔버스. 그의 움푹 파인 볼은 나빠지는 건강 및 과로 상태를 짐작하게 한다.

러더니 아내를 안아주었다. 그러나 그 다음날, 침대에서 나올 수 없을 만큼 아픔을 느끼자 참을성 많은 오스왈드도 자신의 몸에 뭔가 문제가 있다는 것을 알게 되었다.

“병원에 가셔야 하는 거 아닐까요?”

비디는 목소리를 낮추고 걱정스럽게 물었다.

“병원은 지금 중상을 입은 사람들에게 더 필요하지. 내 경우는 좀 쉬면 될 거야.”

남편이 대답했다.

하지만 남편의 상태가 심상치 않았고 기제Gizeh 적십자 병원이 바로 옆에 있었기 때문에 더 이상 지체할 수 없어서 비디는 남편을 그곳으로 후송하게 되었다.

비디는 의사들이 남편의 맹장을 제거하는 동안 하나님을 의지하며 기도했다. 또한 자이툰의 병영에서는 오스왈드의 회복을 위해 기도하는 많은 군인들이 있었기 때문에 위로를 얻었다. 수술을 마친 의료팀이 “수술이 성공적으로 끝났습니다”라고 말했을 때 비디는 그들의 말을 그대로 믿고 오스왈드가 곧 나을 줄 알았다.

막사 밖에서 들리는 시끄러운 소리 때문에 비디는 깜짝 놀랐다. 자신도 모르게 벌떡 일어나 손으로 놀란 얼굴을 부채질하며 무슨 일인지 궁금해했다. 불길한 예감을 떨치며 '아무 일도 아니겠지'라고 생각했다. 사실 그런 생각은 비디가 지금 당장 원하는 소원이었다. 즉, 병원에서의 오스왈드 수술 결과에 대한 비디의 기대였다. 그러나 수술이 잘됐다고 말했던 의사들은 갑자기 뭔가 수술에 문제가 생긴 것 같다고, 그래서 그가 죽을지도 모른다고 말했다. 비디는 남편과 함께 병원에 머물면서 남편을 보살폈다. 그 가운데 계속 기도했다.

비디는 요한복음 11장 4절 말씀에 매달려 있었다.

"예수께서 들으시고 이르시되 이 병은 죽을 병이 아니라 하나님의 영광을 위함이요 하나님의 아들이 이로 말미암아 영광을 받게 하려 함이라 하시더라."

오스왈드가 병들어 있는 그 지루하고 긴 기간을 지나는 동안 성경의 친숙한 구절들이 그녀의 영혼을 깊게 어루만지는 것 같았다.

잠깐 막사로 돌아왔다. 간절히 주님께 남편을 살려달라고 기도했다. 막사에 홀로 앉아 있는 그녀에게 이제 모든 것이 불확실했다. 남편 오스왈드가 너무나 필요했다. 전쟁에 지친 군병들뿐 아니라 그곳에 다른 모든 사람들이 오스왈드를 필요로 했다. "나도 그가 필요해"라고 말하며 비디는 한숨을 쉬었다. 이번에는 하염없이 눈물이 흘렀다.

'어떻게 내 남편이 죽게 된다는 말인가. 말도 안 돼.'

나중에 비디는 의사들의 진단을 알게 되었다. 허파에서 피가 뭉치게 되면서 다른 곳까지 피가 뭉치기 시작했다고 한다. 비디는 그녀의 눈앞에서 사라지는 오스왈드를 지켜볼 수밖에 없었다. 더 많은 기도를 드렸다.

잠깐 오스왈드가 기적적으로 회복된 적이 있었다. 그때 어린 캐스린이 아버지를 문병하도록 허락되었다. 몸이 너무나 약해진 가운데 오스왈드가 눈을 뜨고 어린 딸에게 말했다.

"안녕, 나의 스칼라와그Scalawag: 귀여운 장난꾸러기."

'그래, 지금 기억나네. 그때 캐스린이 '스칼라와그' 라는 단어를 들었군.'

그 장면이 뚜렷하게 생각나자 남편이 더 그리웠다. 바로 곁에 있는 것 같았다.

남편은 살이 너무나 빠져서 원래 자기 모습이 아니었다. 그러나 캐스린은 아랑곳하지 않는 것 같았다. 캐스린이 자이툰의 YMCA 병영 뒤에 있는 조랑말에 대한 이야기를 할 때, 남편은 웃어 보이려고 애썼다. 그때의 오스왈드의 모습을 비디가 어찌 잊을 수 있겠는가? 남편 챔버스에게 딸의 방문은 그것이 마지막이었다.

'스칼라와그' 라 부르며 딸을 사랑했던 오스왈드와 외동딸 캐스린.

비디는 오스왈드가 하나님 앞에 가 있다는 사실을 알고 있었다. 그녀는 하나님께서 모든 것을 주관하시는 것도 알고 있었다. 그러나 앞길이 막막했다. 사실 지금 그녀는 남편에 의해 가장 많은 보호를 받아야 할 때, 과부가 되어 어린 딸을 돌봐야 하는 자리에 있게 된 것이다. 가만히 있으면 모든 형편이 계속 악화될 수밖에 없는 처지였다.

비디는 발꿈치를 들고 조용하게 캐스린의 방에 들어가 딸아이를 살폈다. 그녀가 침대보를 고쳐주는데도 캐스린은 꿈쩍 않고 편안하게 잠을 자고 있었다. 자기가 제일 좋아하는 인형을 붙들고 잠이 든 딸! 이제는 아버지가 없는 외동딸!

잠든 딸의 손에서 조용히 인형을 치우고 그 방에서 나왔다. 마음이 불안해 다시 예배실 막사로 천천히 걸어갔다. 그곳에 도착하니 하나님의 영을 느낄 수 있었다. 그럼에도 불구하고 천국과 땅 사이에 어떤 깨뜨릴 수 없는 간격을 느낄 수밖에 없었다. 오스왈드가 읽던 성경을 다시 붙든 후에 비디는 딱딱한 의자에 자리를 잡고 털썩 주저앉았다.

'그래, 그는 지금 없다. 현실을 직시해야 해.'

1917년 11월 15일, 남편은 43세의 나이로 이 세상을 떠났다. 그러나 그녀는 자신의 삶이 미래에, 심지어 21세기까지, 그리고 앞으로도 영원히, 어떠한 영향을 미치게 될지 전혀 깨닫지 못하고 있었다. 죽음은 잠깐이다. 그러나 예수 그리스도를 섬겼던 인생이 남긴 영향은 영원하다.

오스왈드는 종종 누구든지 예수 그리스도와 바른 관계만 맺고 있으면 그 사람의 삶은 하나님께 위대한 섬김의 삶이 될 것이라고 말하곤 했다. 비디는 자신의 삶이 곧 그러한 삶이 될 줄은 전혀 인식하지 못했다. 다만 그녀는 성경을 펴더니 천천히 읽기 시작했다.

"내 영혼을 옥에서 이끌어내사 주의 이름을 감사하게 하소서 주께서 나에게 갚아주시리니 의인들이 나를 두르리이다"시 142:2.

주의 음성이 어디선가 들리는 것 같았다. 비디 챔버스는 그 말씀을 귀기울여 듣고 있었다.

탐구여정 2

캐스린 할머니와의 우정

"너희가 서로 사랑하면 이로써 모든 사람이 너희가 내 제자인 줄 알리라" 요 13:35.

1994년 따스한 9월의 어느 날, 영국의 캐스린 챔버스가 내 전화를 받았을 때 나는 그 자리에 꼼짝하지 못하고 서 있었다. 통화를 한 후에 조심스럽게 수화기를 내려놓으면서 이런 생각을 했다.

'어떻게 장거리 전화로 통화를 하는데 마치 거룩한 땅에 서 있는 것처럼 느껴졌던 것일까? 그냥 내 느낌일 뿐이겠지.'

나는 고개를 저었다. 그러나 뭔가 엄청난 것이 내 앞에서 지나간 것만은 분명해 보였다.

흥분을 느끼던 나는 문득 초콜릿이 필요하다고 생각했다. 자동차를 타고 가까운 식품점까지 가는 동안 줄곧 생각했다.

'한마디로 다크 초콜릿은 참 좋은 거야. 병이 들지 않도록 막는 뭔가가 있는 것 아니겠어? 아무튼 다크 초콜릿이 좋다는 이야기는 오늘 뉴스에서도 들었지.'

가게에 들어서면서 '어떻게 소녀처럼 날씬한 몸매를 초콜릿 속의 지방과 카페인으로 망칠 수 있는가. 카페인으로 일주일 동안 잠을 못 이루게 되는 것은 아닌가' 등의 생각을 하면서 초콜릿을 먹어서는 안 된다는 마음의 갈등도 있었지만, 그 갈등을 강력하게 밀쳐내고 서둘러 사탕 코너로 장바구니 카트를 밀고 갔다.

"오, 이런! 하나도 안 남았네요."

나는 젤리 빈jelly beans 곁에 서 있는 나이 든 여자분에게 말을 걸었다.

"뭐가 없다는 말이지요?"

"초콜릿이요."

"어떤 종류의 초콜릿을 원하는데요?"

나이 든 분의 푸른 눈이 웃음 때문에 훨씬 더 돋보였다. 대략 70세가량 되어 보이는 할머니셨는데, 그분은 초콜릿을 절대 드시지 않을 것 같았다. 아마 과일하고 채소만 드시겠지. 아무튼 그분은 지성적으로 보이면서도 인상이 좋았다.

"네? 다크 종류인데요."

나는 우물쭈물 대답했다. 나는 그 할머니가 무슨 말인지 못 알아들었다고 짐작했으나, 오히려 할머니의 얼굴이 밝아졌다.

"그거요. 나도 제일 좋아하지요."

할머니는 젤리 빈들을 옆으로 밀치더니 그 아래에서 뭔가를 끄집어냈다.

"여기 있네요. 몇 개나 원하지요?"

"글쎄요. 생각 좀 하구요."

나는 당황스러운 표정을 감추려고 애쓰면서 대답했다.

계산을 끝내고 식료품 가게를 나오면서 나는 친절한 그 할머니가 90세라는 사실을 알게 되었다. 초콜릿도 드시고, 심지어 버터도 드신다고 한다. 언제나 과일, 야채만 드시지 않는데도 건강과 미모가 넘쳐났던 것이다!

알고 보니 그 할머니도 이미 「주님은 나의 최고봉」을 읽었다. 그러나 처음에 그 책을 접하던 나처럼, 오스왈드 챔버스에게 딸이 있다는 것과 그 딸의 이름이 캐스린이라는 것, 또한 그 책의 서문에 나온 B.C.가 비디 챔버스의 약자라는 사실을 모르고 있었다. 할머니는 내게 연구를 쉬지 말라고 격려했다.

"꼭 들어야 할 이야기네요."

할머니는 내게 신신 당부했다. 나도 할머니 말씀에 공감한다. 집에 돌아온 후 사온 초콜릿 생각은 다 잊어버리고 당장 타자기 앞에 앉아 타자를 치기 시작했다.

"조심스럽게 환경을 선택하라. 환경을 선택하는 것은 마치 인생의 강물에 작은 나무조각을 던지는 것과 같다. 그 나무조각은 물 위에 떠올라 강이 흐르는 곳으로 갈 수밖에 없다. 따로 끄집어내지 않으면 강물이 닿는 곳에 나무조각도 닿게 된다."

비디 챔버스는 어떠한 대가를 치르더라도 예수님을 따르기로 결정했다. 그녀는 또한 남편을 사랑했으며 무엇보다 예수님을 사랑하기로 선택한 남편을 지원하기로 했다. 비디는 자신의 모든 것을 통해 예수님이 드러나 모든 사람들이 예수님을 볼 수 있기를 원했다. 내가 알게 된 캐스린 역시 희생과 섬김의 삶을 선택했다.

나는 타자를 치면서 조용히 혼잣말을 했다.

"내 관심을 끄는 점은, 그들 중 누구 하나 유명해지려는 마음이 없었다는 것이지. 그들의 유일한 목표는 예수님을 아는 것이었어. 바로 이 목표를 향해 자신들의 모든 선택을 해왔던 거야."

그 다음날, 영국 시간에 맞추어 (내가 있는 곳의 시간으로는 한밤중이다) 캐스린 챔버스에게 다시 전화를 했다. 전화 통화를 하면서 우리는 서로 편지를 주고받자는 데 동의했다. 나는 그녀가 내가 쓴 책을 읽었다는 사실을 알고는 깜짝 놀랐다.

"어떻게 제 책을 알게 되었지요?"

나는 궁금한 마음에 바로 물었다.

"당신이 알다시피, 영국 사람들도 책을 읽지요. 우리도 텔레비전이 있구요."

그녀의 목소리는 따스했고 그녀의 유머감각은 뛰어났다.

이렇게 하여 바다를 넘고 시간 차를 넘어서는 우리 두 사람의 우정이 시작되었다. 우리는 매일의 삶을 나누었고 하나님의 사랑이 서로를 통해 흐르는 것을 느낄 수 있었다. 우리가 해야 하는 일은 하나님을 사랑하고 순종하는 것이다. 인류가 이 땅에 생긴 이후로 처음부터 지금까지 이 점에는 변함이 없다. 캐스린의 눈을 통해 나도 하나님의 사랑의 눈부신 강, 시간이 흘러도 마르지 않는 정의의 강을 볼 수 있게 되었다암 5:24.

영국으로 전화를 하면서 통화가 장거리 전화요 국제 전화이기 때문에 혹시 캐스린이 내 말을 잘 듣지 못할 것을 염려하여 나는 언제나 소리를 크게 높여 정확하게 말하려고 애썼다. 더구나 캐스린이 80세 초반의 할머니라는 사실을 고려할 때 그녀가 듣는 데 어려움이 있어서는 안 된다는 생각을 했다.

"질 들리세요?"

"잘 들려요. 고함을 치며 말하지 않아도 된답니다."

목청을 높여 통화하던 나는 이 말을 듣고 상대방을 배려하려던 의도가 지나쳐 어쩌면 그녀에게 더 많은 두통을 주었을지도 모른다는 생각이 스쳤다. 그러나 나도 모르게 예전처럼 큰 소리로 말했다.

"혹시 귀에 이상이 생겼다면 죄송해요. 이제 옆집에 계시는 것처럼 너무나 잘 들리네요."

정말로 그녀의 말이 너무나 가깝게 들려서 놀랄 정도였다.

"그래요. 우리도 전화기가 있은지 벌써 오래되지요."

그녀는 말을 멈추었고, 잠시 정적이 흘렀다.

캐스린이 말했다.

"아 참, 제가 당신의 책을 좋아했답니다."

"고맙습니다."

내가 말을 끊으며 대답했다.

"제가 당신의 책을 좋아한 이유는 유머감각이 뛰어나기 때문이지요."

캐스린이 말을 마쳤다.

"저는 다른 사람들이 왜 웃는지 모르겠어요. 사실 저는 그 글들을 쓸 때 눈물을 흘렸거든요."

나는 재빠르게 대답했다.

"울었다구요? 왜요?"

캐스린은 언제나 사람들을 특별히 대하는 것 같았다.

"아주 진지한 내용들을 다루기 때문이지요!"

우리는 한참 동안 함께 웃었다. 그 후 잠시 동안 조용했다. 그녀는 가만히 내 말을 기다리는 듯했다. 나는 다시 말을 이었다.

"그래서 저는 당신의 어머니에 대해 책을 쓰고 싶어졌어요. 오늘날의 여성들이 하나님께서 모든 세대에 알리기를 원하시는 것이 무엇인지 볼 수 있도록 말이지요. 예수 그리스도께서 여성들을 자유케 하시고 귀하게 여기신 사실들을 알리기도 하구요. 또한 이 세상이 줄 수 없는 평강을 주님만이 주실 수 있다는 사실도 알려야 하구요. 아무리 위대한 사람이라도, 인간이 아무리 노력을 해도 주님만이 주실 수 있는 평강을 얻을 수는 없잖아요."

이때 캐스린이 말했다.

"그래서 나는 당신이 나의 어머니 이야기를 썼으면 해요."

"정말로요?"

"그럼요. 나는 당신의 유머감각이 마음에 들어요. 어머니께서는 유머감각이 없는 사람을 절대로 믿지 말라고 하셨지요!"

나는 캐스린이 나를 믿어준다는 사실에 너무나 감사했다. 나는 당장 그의 어머니 이야기에 대한 나의 생각을 말해주었다.

"당신 어머니의 자서전은 삶의 사진이 아니라 그림으로 그린 한 폭의 초상화와 같을 거예요. 초점은 하나님이구요. 중심 개념은 그 책을 읽는 사람들로 하여금 그들의 마음속에 예수님을 더욱 존귀하게 높이는 것이지요. 물론 제가 비디 챔버스를 이미 사랑하는 것처럼 그들로 하여금 그녀를 사랑하게 해야겠지요. 「비디 챔버스를 찾아서」라고 제목을 잡을 거구요, 그 책을 통해 하나님께서 어떻게 주의 사랑을 챔버스 부인에게 나타내셨는가를 보여줄 생각이에요. 제가 믿기로는 그녀는 하나님의 사랑에 보답하는 삶을 산 것 같아요. 한마디로 그녀의 삶은 하나님을 향한 사랑의 선물인 셈이지요."

"네, 잘 알겠어요. 이런! 너무 통화를 오래해서 이제 전화를 끊으셔야겠어요. 전화비가 너무 많이 들겠는데요."

캐스린이 말했다. 그녀는 곧 편지하겠다고 약속했고, 나는 그녀의 제안을 따랐다.

그녀의 첫 번째 편지는 1994년 10월 5일 날짜로 되어 있었다. 다음은 그녀의 편지 내용 중 일부이다.

친애하는 마르다 드레이크(이 이름은 내 실제 이름이다)!

저번에 당신과 대화를 나눈 것은 제게 정말로 큰 기쁨이었습니다. 저를 찾아 통화를 할 수 있을 때까지 당신이 얼마나 애쓰며 인내했는지를 알고는 참으로 기뻤습니다. 또한 제 어머니에 대해 하신 말씀들도 참 좋았습니다. 당신의 '여성에 관한 관점'에 대한 이야기는 제게 귀하게 들렸습니다.

형편없는 제 글을 용서하기 바랍니다. 저는 열세 살 때부터 관절

염을 앓았답니다. 특히 허리 디스크를 앓아왔지만 다행히 운전을 할 수 있고 장도 볼 수 있고 교회와 병원을 오갈 수 있습니다. 오래된 우리 집과 개를 돌보지요.

어머니와 저는 참으로 아름다운 관계였습니다. 우리는 문을 잠그지 않고 살았지요. 누구든지 환영했답니다. 특히 어린이와 동물들은 더 환영했어요. 어머니는 웃음을 전달하는 사람이었습니다. 그러나 사실 어머니는 귀가 들리지 않았지요. 보청기를 끼고 있었지만 그렇게 도움이 되지는 않았습니다. 그 이유는 모든 작은 소리까지 확성되기 때문인 것 같았어요. 따라서 어머니는 쉽게 피곤해 하셨답니다. 그러나 고양이 잠처럼 5분만 주무시고 일어나시면 기분이 완전히 좋아지곤 하셨지요. 어머니는 장을 보고 음식을 마련하고 손님들에게 차를 대접하면서 시간이 날 때마다 계속 타자 치는 일과 편지 쓰는 일을 하셨어요.

저는 언제나 간호사가 되기를 원했습니다. 런던의 큰 병원 가운데 한곳에서 간호사로 훈련을 받았고 그 후 간호사가 되었습니다. … 런던의 극빈자들이 모여 사는 곳에서 어린이들을 간호하는 일들을 했어요. … 집에 돌아오면 그 아이들에게 있었던 것들이 저를 따라오기도 했지요.

나는 그녀가 무엇을 집으로 가져왔다는 것인지 알 수 없었다. 그래서 그 질문을 해야겠다고 생각했으나 할 기회가 한 번도 없었다. 캐스린은 매우 용감한 여인이었기 때문에 뭐든 가능했을 것이다. 내 느낌상 벼룩과 벌레들 같기는 하지만! 아무튼 캐스린이 놀랄 만한 그 무엇이었을 것이다. 그녀의 편지는 다음과 같이 끝났다.

저는 당신에게 죄송한 마음이 듭니다. 혹시 당신을 귀찮게 하는 것은 아닌가 하는 생각도 들고요. 당신을 알게 된 것이 제게는 기쁨입니다.

사랑 안에서
캐스린 드림

나는 적어도 한 주에 한 번은 그녀에게 전화를 했다. 우리는 또한 편지를 자주 주고받았다. 다음은 내가 그녀에게 1994년 10월 21일에 쓴 편지의 일부이다.

친애하는 캐스린!

오늘 아침에 당신과 통화를 할 수 있어서 너무 기뻤답니다. 통화료가 그렇게 비싸지만 않다면 더 자주 할 생각입니다.

관절염을 앓고 계신다구요. 사실 저는 정확하게 글씨를 쓸 수 없는 약간의 실독증독서 장애인 환자랍니다. 학생들에게 영어를 가르치는 사람에게는 치명적인 질병이지요. 저는 학생들에게 제가 발음을 잘 못하거나 글씨를 잘못 쓰면 알려달라고 부탁을 한답니다.

디스크가 있으시다구요. 저도 디스크가 어떤 것인지 잘 알자요. 이십 대 초반에 허리 디스크를 앓았거든요. 제 등은 다른 사람보다 두 배나 휘어 있답니다.

질문이 하나 있는데, 허리 디스크를 앓으시면서 어떻게 간호사의 일을 하시나요? 무거운 것들을 들어야 하지 않나요? 참, 개가 어떤 종류인가요? 저도 개 한 마리가 있는데 이름은 '쿠키'랍니다. 푸들 종류인데 종자가 포메라니안Pomeranian이에요. 매우 조그마한 개지요. 양 치는 개와 같은 종자랍니다. 그래서 양을 몰듯 저를 몰아요. 아무튼 재들은 참 대단해요!

사실 지금 쿠키가 저랑 놀자고 제 곁에서 '말하고'(짖고) 있어요. 쿠키가 제일 좋아하는 놀이는 햄버거 장난감을 던지면 물어오는 놀이지요. 그런데 우리 집에서는 개가 장난감을 던지고 제가 가져온답니다!

당신과 어머니에 대해 말씀해주셔서 감사합니다. 당신의 어머니에 관한 책을 쓰는 동안에 대단히 귀한 것들을 배우고 있습니다. 기독교 및 그리스도인의 삶에 대한 당신의 견해와 관점에 대해서도 감사하고 있습니다. 진심입니다.

하늘의 태양이 오늘따라 더욱 환하게 비치고 있습니다. 며칠 동안 찬 비가 내렸거든요. 그렇지만 저는 비도 좋아한답니다. 당신이 저와 이렇게 함께하는 것만 생각해도 얼마나 감사한지요.

깊은 사랑을 담아

마르다 드림

그 다음 우리는 바다를 건너는 장거리 통화를 나누면서 캐스린의 기억 속에 떠오르는 과거들을 기록하기로 했다. 또한 캐스린은 계속 편지를 쓰는 대신에 녹음기를 사용하기로 했다. 그녀는 또한 내게 보내줄 자료들이 있는지 찾아보겠다고 했다. 이 통화를 한 후에 정확하게 24시간이 지난 후 다시 캐스린에게 전화했다.

"캐스린!"

"네."

그녀는 내가 전화를 했다는 것을 알고 있지만, 그래도 나는 이렇게 대화의 문을 열었다.

"저예요, 마르다."

"알아요."

"어머니가 글을 쓰실 때 당신은 무엇을 했지요? 어머니를 도우셨나요?"

"아…"

캐스린은 소리 내어 웃었다.

"저는 난로에 석탄을 넣었어요. 오리들이 추울까봐 집을 따뜻하게 했지요."

"그래요."

내 목소리에는 약간의 실망이 배었다.

"사실, 어머니가 그 책들을 쓰실 때 저는 매우 어린아이였어요. 그렇지만 제 어머니를 잘 아는 친구분들을 제가 알지요. 그분들을 소개해 드릴까요?"

"와! 그렇게 해주실 수 있나요?"

"그럼요. 당연하지요."

나는 그녀의 또렷하고 낭랑한 영국식 발음을 좋아했다.

"제가 몇 가지 질문을 나열하여 보내면 그들에게 대답하도록 해주실 수 있나요?"

"그럼요. 질문을 보내주세요."

캐스린은 형편 없는 나의 영어 발음을 종종 부드럽게 고쳐주곤 했다.

"알았습니다."

나도 내 발음에 문제가 있는 것을 알고 웃었다.

"질문을 나열해서 오늘 우편으로 보내겠습니다. 그러면 누구에게 그 질문에 대답하게 할지 생각해놓기 바랍니다."

전화를 끊고 나는 당장 작업에 들어갔다.

비디 챔버스 부인에 대하여

다음 질문들에 답변해주시기 바랍니다. 감사합니다.

1. 챔버스 부인과 어떤 관계였습니까? 당신은 그분을 어떻게 부르셨습니까? 비디, 챔버스 부인 또는 ____________?
2. 다음 문장을 채워주시기 바랍니다.
   내가 처음 B.C.를 만났을 때, 그분의 첫 인상은 ____________ 했습니다.

3. 당신은 오스왈드 챔버스를 먼저 알았습니까? 얼마나 오랫동안 알고 지내셨습니까?
4. 혹시 비디 챔버스의 기도 생활을 알고 있습니까? 비디 챔버스가 기도에 관하여 어떤 생각을 가지고 있었는지 아십니까? 그녀와 함께 기도한 적이 있습니까?
5. 당신이 비디 챔버스를 만났던 연도가 언제인지 기억나십니까?
6. 당신이 보기에 비디 챔버스가 절망 가운데 포기한 적이 있었나요?
7. 당신이 비디 챔버스를 보면서 느낀 신체적인 특징을 아는 대로 서술해주십시오.
8. 비디 챔버스의 성격에 있어서 특징은 무엇이었습니까?
9. 혹시 비디 챔버스가 직접 쓴 묵상의 글이 있나요? 아니면 오스왈드 챔버스의 글에 대해서만 평생을 헌신했나요?

우체국으로 걸어가면서 캐스린이 비디에 대해 말해준 몇 가지 이야기가 생각났다.

"캐스린, 아버지가 돌아가셨을 때 어머니가 당신에게 무슨 말들을 하셨는지 기억나세요? 너무 젊은 나이에 돌아가셨다든지, 너무 갑작스럽게 돌아가셨다든지 등이요."

"생각나지요. 어머니는 아버지가 병 때문에 돌아가셨다고 생각하지 않으셨어요. 그래서 혼돈이 되었지요. 하나님의 뜻이 무엇인지 궁금해 하셨어요. 아무튼, 아버지는 간단한 맹장 수술을 하기 위해 병원에 가셨고 며칠 후에 복합적인 증세로 돌아가셨어요. 어머니는 종종 그 점에 대해 의아해 하셨어요."

"어머니는 하나님을 의심한 적이 없으셨나요? 보통 사람들은 어머니 같은 경우를 겪게 되면 하나님께 화를 내게 되잖아요."

"의심하지 않았어요. 마르다! 어머니는 하나님을 절대로 의심하지 않았어요. 처음에 어머니는 아버지의 질병은 죽음이 아니라 하나님의 영광을 나타내기 위한 것이라고 확신하셨어요. 훗날 어머니는 하나님의 뜻은 언제나 선하시다는 것을 깨달았지요. 맨 처음의 좌절은 오히려 하나님의 뜻을 행하도록 하는 동기가 되었다고 해요. 그것도 기쁨으로요. 어머니는 하나님께서 그녀의 가는 길을 발걸음마다 인도하심을 분명하게 알았어요. 그녀는 예수 그리스도가 모든 것의 근원이심을 깨닫고 하나님을 확신했지요. 실제로 아버지의 죽음은 셀 수 없이 많은 사람들에게 그리스도의 생명을 전하는 도구가 되었어요. 아버지의 책들은 결코 어머니에 의해 시작된 것이 아니랍니다. 어머니는 단지 하나님께 순종했고 그 결과 책들이 나오게 된 것이지요."

우체국을 들러 집에 도착하면서 나는 하나님께 단순하게 순종한다는 것이 얼마나 중요한지를 깨달을 수 있었다. 그러나 단순하게 순종한다는 것이 사람들에게는 쉽지 않다는 것도 잘 안다. 챔버스 부인의 경우는 하나님께 단순하게 순종하기 위해 엄청난 대가를 치렀다. 그러나 그녀는 하나님을 향한 지극한 사랑으로 하나님께 순종했다.

비디의 삶의 모습을 떠올리며 나는 마음이 숙연해졌다. 집 정문을 열쇠로 열기 전에 문 앞에 잠깐 섰다.

"여보세요! 아무도 없어요?"

아무도 대답이 없었다. 나의 빈집에 들어가니 빈집의 고요함이 내게 평강을 더해주었다. 성경을 붙들고 흔들의자에 앉아 마태복음 7장 7-11절의 예수님의 말씀을 읽었다.

> "구하라 그리하면 너희에게 주실 것이요 찾으라 그리하면 찾아낼 것이요 문을 두드리라 그리하면 너희에게 열릴 것이니 구하는 이마다 받을 것이요 찾는 이는 찾아낼 것이요 두드리는 이에게는 열릴 것이니라 너희 중에 누가 아들이 떡을 달라 하는데 돌을 주며 생선을 달라 하는데 뱀을 줄 사람이 있겠느냐 너희가 악한 자라도 좋은 것으로 자식에게 줄 줄 알거든 하물며 하늘에 계신 너희 아버지께서 구하는 자에게 좋은 것으로 주시지 않겠느냐."

창가를 넘어 뭉개구름이 이곳저곳 뭉쳐 있는 푸른 하늘을 바라보았다. 내 입에서는 저절로 기도가 나왔다.

"주님, 저도 주를 향한 사랑으로 언제나 주님께 순종할 수 있게 하소서."

흔들의자에 앉아 가만히 앞뒤로 흔들면서 나는 위대한 진리를 깨달았다. 내가 따라가는 강한 물결의 강은 하늘로부터 시작되어 흐르고 있다는 사실이었다. 이 강은 지금 현 시대 속에서도 흐르고 있다. 갑자기 바울의 권면이 마음에 새롭게 와닿았다.

> "내가 그리스도를 본받는 자가 된 것같이 너희는 나를 본받는 자가 되라" 고전 11:1.

강을 따라가다 보니 알 수 없는 깊은 숲속으로 들어간다. 경건한 비디 챔버스 부인에 대해 무엇을 발견하게 될까? 예수님의 말씀이 내 마음속에 들리는 듯했다.

"구하라 그러면 너희에게 주실 것이요 구하는 이마다 받을 것이라."

어린아이가 생일에 케이크의 촛불을 입으로 불어 끄는 것처럼, 나도 내 눈을 감고 행복한 미래를 상상해 보았다. 어린이처럼 소원을 말하는 대신에 하나님께서 나의 기도의 긴 제목들을 응답해 주시기를 기도했다. 이미 캐스린에게 기도에 대해 많이 배웠던 것이다.

귀중한 발견으로 가득 찰 밝은 미래를 바라보면서….

2장

찬양과 말씀 가운데 임하신 주님

"우리가 지금은 거울로 보는 것같이 희미하나 그때에는 얼굴과 얼굴을 대하여 볼 것이요 지금은 내가 부분적으로 아나 그때에는 주께서 나를 아신 것같이 내가 온전히 알리라"고전 13:12.

아무리 울어도 비디의 마음속의 아픔은 사라지지 않았다. 딸 캐스린과 함께 홀로 남겨진 자신을 발견할 수 있을 뿐이었다. 오스왈드를 잃고 그녀가 뿌린 눈물은 이집트의 끝없는 모래사장을 다 적실 것만 같았다.

1917년 11월, 끔찍한 폭염 가운데 비디는 예배실 막사의 딱딱한 접개의자에 앉아 기도하던 중 지금의 상황에서 이기는 비결은 오직 믿음임을 확신할 수 있었다. 그저 단순한 믿음이 아니라 오스왈드와 함께 나누었던 확신에 찬 믿음을 다시 회복해야 함을 알았다. 하나님의 사랑에서 우리를 뗄 수 있는 것은 아무것도 없다. 예수님만이 길이다. '내가 해야 하는 모든 것은 주님을 따르는 거야' 라고 비디는 다짐했다.

비디는 책상에 앉아 조심스럽게 성경을 폈다. 말씀이 그녀의 마음을 위로하기 시작했다.

> "우리가 그리스도로 말미암아 하나님을 향하여 이 같은 확신이 있으니 우리가 무슨 일이든지 우리에게서 난 것같이 스스로 만족할 것이 아니니 우리의 만족은 오직 하나님으로부터 나느니라"고후 3:4-5.

비디는 오스왈드가 항상 하던 "하나님의 자녀가 하나님의 능력 안에서 약하게 되는 것은 불가능하다"는 말을 기억했다. 조용히 앉아 성경 말씀을 묵상하는 가운데 모든 환경을 초월할 수 있도록 그녀를 들어올리시는 예수 그리스도의 사랑과 평강을 느낄 수 있었다.

"빛 가운데 행한다면 어두움이 있을 수 없지."

그녀는 부드럽게 속삭였다. 매 발걸음마다 빛 가운데 나아가려면 모든 순간마다 하나님께 순종해야 한다는 사실을 그녀는 알고 있었다. 갑자기 예배실 막사에서 매일 밤마다 군인들에게 외쳤던 오스왈드의 음성이 들리는 것 같았다.

"예수님께서 빛 가운데 계심같이 빛 가운데 행하십시오."

이를 위해 지불해야 하는 대가는 하나님께 철저하게 내려놓는 것이었다. 그렇다면 보상은 무엇인가? 하나님께서 그분의 자녀들에게 거저 주시는, 모든 환경을 초월하는 평강이다. 비디는 '심지어 죽음 앞에서도 평강을 주시겠지' 라고 생각했다.

오스왈드 챔버스 부인은 오스왈드의 장례식을 위해 골랐던 찬송의 가사를 기억했다. 1700년경에 찰스 웨슬리에 의해 작사된 그 가사가 비디 챔버스의 마음에 절실하게 와닿았다.

산을 향하여 나의 눈을 들리라. 영원한 산을 향하여.
그곳에서 생수의 강이 흐르니, 나의 영혼은 성령을 느끼네.
주께서 나의 도움이 되시네. 내가 기도하는 가운데 도움이 오네.
하늘과 땅을 지으신 하나님께서 임하신다.
나의 주, 나의 하나님.

충성된 영혼아, 항상 기도하자. 기도하자.
주께 모든 것을 고하면 주께서 너의 연약한 무릎을 세우시리.
슬픔으로 낙심하지 말고 구속주의 품에 안기라.
주께서 너의 평강을 지키시리라.
주 안에 거하라. 안전하게 거하라.
너를 지키시는 자가 주무시지 아니하신다.

죄나, 땅이나, 지옥이나 너를 지키는 자는 놀라지 않으시네.
모든 것을 아시는 주께서 주무시지 않으시며 너를 지키시네.
그분은 이스라엘의 강한 방패시며 항상 돌보시는 자시라.
항상 깨어 우리를 돌보신다.

서서 주를 보라. 지키시는 자를 보라. 전능자가 가까우시다.
오, 주께서 너를 주의 손에 붙드시니 너의 두려움이 사라진다.
주의 날개가 너의 머리 위에 그늘을 만들고
모든 위험과 해로부터 너를 보호한다.
주의 영원하신 팔이 너를 두르고 안으신다.

그리스도는 네가 나갈 때, 들어올 때 축복하시리.
따스하게 너를 안으시니 죄로부터 구원을 얻네.
흠 없으신 주님처럼,
너도 지혜와 사랑과 능력과 거룩과 정결함으로
충만케 되리.
이제로부터 영원까지 주님이 너를 사랑하시리.

비디는 군대에서 치러준 오스왈드 챔버스의 장례식을 기억했다. 장례식은 100여 명의 군인들이 관을 옮기는 포차gun carriage와 함께 행진했다. '정말 많은 사람들이 그분을 사랑했었지' 라

오스왈드 챔버스의 장례식.

고 생각하며 비디는 가볍게 한숨을 내쉬었다.

비디의 마음에는 다시 오스왈드가 제일 좋아하던 찬송이 기억났다. 그 찬송을 신속하게 찾아 따라부르니 어느새 비디의 영혼은 하나님께로 올려져 있었다. 하나님과 함께하는 조용한 시간을 나누는 가운데 주의 임재를 느낄 수 있었다.

언제나 나와 함께하는 사랑,
나의 지친 영혼이 주 안에 쉬네.
나의 삶을 주께 드리리.
바다보다 깊은 주의 사랑이 충만하게 차고 넘치네.

언제나 나의 길을 비추는 빛,
나의 꺼져가는 등불을 주께 드리네.
나의 마음은 참빛으로 인해 다시 회복된다.
대낮을 비추이는 주님의 태양빛은 나의 길을 더욱 밝게 비추리.

고통 가운데서도 내게 임하는 기쁨,
내 마음은 주를 향해 활짝 열리네.
비가 내린 후의 무지개처럼,
주의 약속은 헛되지 않아 그 다음날이면 나의 눈물이 사라지네.

머리를 들고 십자가를 바라보라.
감히 주로부터 도망할 수 없다네.
십자가 앞에서 모든 영광을 먼지처럼 내려놓으니

흙으로부터 영원한 생명의 열매가 다시 피어오른다.

비디는, 이 찬송을 작사한 조지 매드슨George Matheson은 거의 시력이 없는 가운데 태어나 17세 정도에 시각장애인이 된 사실을 알고 있었다.

그녀는 자신의 어린 시절로 돌아가 기억을 더듬었다. 항상 병에 시달렸던 비디! 그녀는 어렸을 적부터 듣지를 못했다. 그래서 학교도 다니지 못했다. 집에서 언니들이 공부를 가르쳐주는 것이 전부였다.

매드슨은 성경을 너무나 잘 외우고 있었기 때문에 사람들은 그가 시각장애인인 줄을 몰랐다고 한다. 비디의 경우는 사람들의 입술을 너무나 잘 읽을 수 있었기 때문에 그녀가 청각장애인이라는 사실을 아는 사람이 없었다.

"그는 시각장애인이고, 나는 청각장애인이구나. 서로 공통점이 있구나."

그녀는 혼자 조용히 웃었다. 갑자기 유머감각이 돌아오는 듯했다.

"이 폭우를 지나 무지개를 보겠지."

그녀는 되풀이하여 찬송을 크게 불렀다. 그 순간에 비디가 하늘을 바라보니 저 멀리 구름 안개 가운데 무지개의 영광스러운 빛이 보이는 것이었다. 그러나 자리에서 일어나니 예배실 막사의 거친 벽이 보이면서 자신의 현실을 다시 생각하게 되었다. 어린 딸과 함께 폭염이 쏟아지는 이집트의 사막에 덩그러니 남겨진 과부! 그러나 그녀는 '이제 이 폭우는 얼마 가지 않는다' 라

막사로 가는 길에는 꽃들과 돌들이 나란히 놓여 있다.

고 혼잣말을 했다.

예배실 막사를 나오니 끝없는 사막이 보인다. 그러나 하나님과 함께했던 시간으로 인해 그녀의 몸과 영은 이미 회복되어 있었다.

사막일지라도 비디 챔버스는 언제나 집을 가지런히 정돈하고 살았다. 책상 위에 놓인 노트와 펜 같은 여러 자질구레한 물건들을 정리해 제자리에 두던 중 히브리서 11장 8절을 적어놓은 메모지를 발견하게 되었다.

"갈 바를 알지 못하고 나아갔으며."

다시 남편이 생각났다. 그러나 신기하게 마음의 고통이 전처럼 심하지 않았다.

오스왈드는 아브라함의 믿음에 대해 상당히 많은 이야기를 했다. 하나님께서 아브라함을 그의 본토 땅에서 불러 다른 곳으로 가라고 하셨을 때 아브라함은 하나님만 믿고 나아갔다. 이때 아브라함은 아무 질문도 하지 않았다. 그 이유는 그가 비록 하나님께서 무엇을 하실지 알 수 없었으나 하나님을 알았기 때문이었다. 오스왈드가 외쳤던 중요한 요점은, 그때나 지금이나 마찬

가지로 '하나님을 아는 것' 이었다.

오스왈드는 하나님께 신뢰를 쌓으면서 "매일 아침 일어날 때마다 갈 바를 알지 못하고 나아가는 것이다"라고 말하곤 했다. 그에게 가장 중요한 단어는 언제나 '순종' 이었다. 오스왈드의 전 인생은 하나님께 대한 순종이었다.

이제 비디의 책임은 남편처럼 계속 하나님을 신뢰하고 의지하는 것이었다. 비디는 하늘 아버지께 "갈 바를 알지 못하나 주를 사랑하오니 제가 주를 신뢰하고 순종하며 앞으로 나아가겠습니다"라고 속삭였다. 그녀는 자리에서 일어나 눈물을 닦아내고 치마를 펴더니 힘차게 밖으로 나갔다. 이제 그녀는 남편이 군목으로 섬기던 자이툰의 군사들을 만나볼 준비가 되었다. 1차 세계대전 때문에 이집트에 머무는 군사들과 YMCA의 동역자들을 만나볼 준비가 된 것이다. 남편의 '장난꾸러기' 인 네 살짜리 캐스린이 생각났다. 비디는 눈물이 맺은 눈을 들어 오직 주 예수 그리스도만을 바라보기 시작했다.

오스왈드는 언제나 "하나님의 십자가는 시간과 영원을 영원히 바꾸었습니다"라고 말하곤 했다. 누군가 이 말에 대해 반론하면 오스왈드는 "당신이 믿지 않는다고 해도 실체는 존재합니다"라고 말했다. 아무튼 비디는 '그들은 강한 나를 필요로 한다' 라고 생각하며 강해지기로 다짐했다.

자이툰의 YMCA 병영에 있던 직원들, 자원 지원병들, 그리고 이집트의 사역을 위해 기도하던 사람들은 왜 사랑의 하나님께서 오스왈드 챔버스가 가장 필요한 때 그를 데려가셨는지 도무지 이해할 수 없었다. 그러나 비디는 이 점에 대해 하나님께

이집트의 자이툰. 비디가 준비한 식탁보와 꽃, 정성스러운 식사 자리에 모인 병사들. 중앙 넓은 창의 모자를 쓴 사람이 비디 챔버스.

더 이상 질문하지 않기로 했다. 단지 하나님을 바라보는 것만이 앞으로 나아갈 길임을 알고 있었다. 캐스린도 이 점을 이해했다. 캐스린은 자기의 작은 팔로 엄마를 붙들면서 말했다.

"아빠는 하나님과 함께 있어요. 그리고 지금 아빠는 우리와 가까이 있어요."

폭염은 무서울 정도로 뜨거웠으며 파리들은 질릴 정도로 많았고 사막의 모래는 모든 사람들에게 위협적이었다. 비디가 매일 해야 할 일은 산더미같이 많았다. 거기다 이제는 오스왈드가 가르치던 일까지 맡아야 했다. 그러나 비디는 아무리 산이 높아도 한 발자국씩 내딛고 올라가면 된다는 것을 알고 있었다. 그리고 꾸준히 준비해 오르는 것만이 정상에 이르는 비결인 것을 알았다. 모세도 산을 오르지 않았던가? 이집트는 비디의 고향도 아니며 조국도 아니었다. 그러나 하나님께서는 그녀를 이집트에 심으셨고 그곳에서 열매를 맺도록 하셨다. 당장 할 일들이 많았다.

"먼저 오늘 저녁부터 준비해야 하는구나. 저녁을 먹여야 하는 군인들이 많지. 그런데 오늘 저녁은 몇 명이나 되려나?"

어떤 때는 수백 명의 주린 배를 채워줄 때도 있었다. 아무튼 저녁 준비를 위해 식당을 정돈하고 중앙에 꽃을 꽂아두었다.

"엄마! 나가서 내 당나귀를 타도 되나요?"

캐스린이 예배실 막사로 총총걸음으로 달려왔다.

"탈 수 있으면 타렴."

비디는 상냥하게 대답했다.

"엄마, 이제 다시 행복해요?"

캐스린은 엄마 치마에 매달려 엄마의 눈물이 어디로 갔는지 찾는 시늉을 했다.

"이제 괜찮아. 그런데 네 당나귀는 어디 있니?"

엄마가 대꾸해주었다. 캐스린은 서류 책상 주변을 맴돌았다.

"아빠는 지금 예수님하고 하늘에 있지요?"

캐스린은 슬픈 눈으로 엄마의 표정을 살피면서 물었다.

"그럼."

비디는 활짝 웃으며 대답했다.

"아빠가 예수님과 함께 있다는 것은 참 멋져요."

캐스린의 어린 목소리가 안심하듯 대답했다.

오스트레일리아 병사들이 사준 당나귀를 타고 있는 캐스린.

"그럼, 그렇구 말구. 아빠는 하나님과 함께 계시지."

비디는 딸을 가까이 껴안았다.

"이만 가서 당나귀를 타렴. 당나귀를 탈 때나 내릴 때는 사람들에게 꼭 도와달라고 말하구."

"그렇게 할게요, 엄마."

비디의 어린 딸이 당나귀를 찾으러 재빨리 뛰어나갔다. 그 당나귀는 오스트레일리아 병사들이 캐스린을 위해 특별히 돈을 모아 사준 것이었다.

비디는 저녁 준비 때문에 하나님을 의심한 적은 한 번도 없었다. 하나님의 공급은 완벽했다. 그녀는 단지 힘만 내면 되었다. 어찌하든 음식은 충분했다.

그러나 더 중요한 것은 저녁 식사 외에 영적인 양식을 공급하는 것이었다. 가끔 오스왈드는 비디에게 아침 예배에서 말씀을 전하도록 초청하곤 했다. 비디가 말씀을 전하고 나면 오스왈드는 그녀에게 '사람들을 감동시키는 은사'가 있다고 극찬하곤 했다.

'그래, 내게는 하나님의 말씀이 있다. 오늘 밤에 최선을 다해 보자.'

비디는 혼잣말을 했다. 그녀는 언제나 차분했다. 그래서 그런지 병영은 비디의 성품과 비슷한 분위기로 바뀌고 있었다. 사람들은 비디의 자질구레한 일들을 돕기 시작했으며 그녀를 사랑하는 마음들과 간절한 기도들이 점점 넘쳐났다. 그들의 사랑과 기도 덕분에 비디는 은혜의 보좌 앞에 나아갈 수 있었다.

그날 저녁에 비디의 말씀을 듣는 군인들은 그 다음날 전쟁터에 나가야 하는 사람들이었다. 그들은 성경을 가지고 전쟁터에 나가겠지만 언제든지 중상 또는 죽음을 당할 위험이 있었다.

비디는 말씀 준비를 위해 성경을 폈다. 하나님께서 말씀을 주실 것으로 믿었다. 그녀가 찾은 성경구절은 야고보서였다.

> "자유롭게 하는 온전한 율법을 들여다보고 있는 자는 듣고 잊어버리는 자가 아니요 실천하는 자니 이 사람은 그 행하는 일에 복을 받으리라"약 1:15.

비디는 오스왈드가 "단지 무엇을 해야 한다"고 말하기보다는 실제로 "행하라"고 하던 말을 기억했다. 오스왈드는 자신을 훈련시켜서 언제나 본이 되었던 사람이었다. 그는 아내인 비디도 같은 자세를 취하기를 원했을 것이다.

비디는 더 이상 다른 생각 없이 본문으로 들어갔다. 그녀는, 조금도 의심할 여지 없이 열매를 맺는 비결은 하나님의 말씀에 순종하는 것임을 알고 있었다. 말씀을 준비할 시간이 충분하지 않았다. 그날 나눌 말씀을 준비하는 중간에 여러 급한 용무들로 인해 방해를 받았다. 그러나 그녀는 멈추지 않고 계속 말씀에 집중했다. 오직 예수님만을 바라보면서 신속하게 노트에 그날 증거할 말씀의 요점들과 깨달음들을 기록했다.

그날 사람들에게 나눌 말씀의 요지는, 하나님은 그들을 사랑하신다는 것이었다. 그리고 하나님께서는 그들이 하나님을 사랑할 것을 기다리고 계신다는 사실을 알려줄 생각이었다. 아주 간단했다. 준비된 말씀이 그녀의 마음을 부풀게 했다. 그녀는 호세

아서를 기본으로 할 생각이었다. 호세아서에는 하나님과 주의 백성들의 관계에 대해 쉽게 설명되어 있기 때문이다.

> "나는 인애를 원하고 제사를 원하지 아니하며 번제보다 하나님을 아는 것을 원하노라"호 6:6.

이제 더 이상 준비할 시간이 없었다.

"그래, 됐다. 잘될 거야."

이렇게 조용히 말한 후, 비디 챔버스는 일어나 머리를 빗고 치마의 주름을 폈다. 신발의 먼지를 털어내고 설교 노트를 집어 들었다. 그리고 기다리는 군인들을 향해 나아갔다.

"2분 밖에 남지 않았군."

그녀는 웃음을 지으며 고개를 끄덕였다.

> "우리가 다 수건을 벗은 얼굴로 거울을 보는 것같이 주의 영광을 보매 그와 같은 형상으로 변화하여 영광에서 영광에 이르니 곧 주의 영으로 말미암음이니라"고후 3:18.

그날 밤에 말씀 자체가 비디 챔버스를 통해 말씀하셨다. 비디 챔버스 자신도 말씀에 순종했다. 그러자 그녀는 하나님의 사랑을 나타내기 시작했다.

탐구여정 3

현숙한 여인상

"이 닦아둔 것 외에 능히 다른 터를 닦아둘 자가 없으니 이 터는 곧 예수 그리스도라" 고전 3:11.

비디의 본래 이름은 거트루드 홉스Gertrude Hobbs이다. 나는 그녀가 몇 년도에 태어났는지 알아내지 못했다. 아마도 1883년 또는 1884년인 것 같다. 그녀의 생일 파티는 언제나 7월 13일에 있었다. 그녀가 태어난 장소는 확실하다. 영국 엘담이다.

이러한 사실을 알게 된 것은 1994년 새로운 나의 친구 캐스린 챔버스가 국제 전화를 통해 그녀의 어머니에 대한 정보를 알려주었기 때문이다.

나는 스스로 더 많은 정보를 찾아내려고 많은 시간을 할애했다. 영국 엘담에 위치한 교회에 가서 교회 기록을 보니 거트루드에게는 오빠와 언니가 한 명씩 있었다. 비디 챔버스에 대해서는 B.C.라는 약어 때문에 호기심을 갖게 되면서 많은 관심을 갖게 되었지만, 사실 나는 잠언 31장에서 묘사된 그러한 '현숙한 여인'을 찾고 있었다. 현 시대 속에 이러한 '현숙한 여인'이 있을까 하는 질문에 관심을 가졌던 것이다. 성경대로 사는 여인이 있을까? 구약에서 에스더 왕비 및 여러 여인들을 볼 수 있지만, 오늘날에도 이러한 여인이 있을까? 나는 잠언을 읽는 데 많은 시간을 투자했고 그곳에 서술된 여러 지혜들을 나의 마음밭에 받아들이고 있었다.

"이는 지혜와 훈계를 알게 하며 명철의 말씀을 깨닫게 하며"잠 1:2.

거트루드 홉스는 성경을 믿는 기독교 가정에서 태어났다. 그녀의 가정은 성경의 가르침에 독실했기 때문에 그녀는 어렸을 때부터 하나님의 가장 좋은 말씀으로 자라날 수 있었다.

"여호와를 경외하는 것이 지식의 근본이거늘 미련한 자는 지혜와 훈계를 멸시하느니라"잠 1:7.

거트루드가 원하던 것은 자기 아버지처럼 믿음의 사람이 되는 것이었다. 거트루드를 통해 나는 성경이 말하는 진리를 확신할 수 있었다.

"마땅히 행할 길을 아이에게 가르치라 그리하면 늙어도 그것을 떠나지 아니하리라"잠 22:6.

거트루드는 하나님의 말씀을 바르게 배우고 마땅한 교육을 받았기 때문에 어렸을 때부터 주님께서 주시는 지혜에 깊게 물들 수 있었다.

기본적 사실을 확인한 후에 다른 것들을 계속 알아내기 시작했다. 거트루드가 태어나던 때는 어떤 세상이었을까? 19세기에 여자 아기가 태어나면 사람들은 무엇을 기대했을까?

물론 그 시대는 지금 시대가 가지고 있는 여러 현대 문명의 이로움을 누리지 못했을 것이다. 나는 1884년에 발간된 가이드북Boston Cooking School Cook Book을 발견했는데, 그 책은 어떻게 밀을 가지고 밀가루를 만드는지에 대해 설명하고 있었다.

1. 밀을 맷돌에 갈아라. 위 맷돌은 중간 막대를 중심으로 돌아야 하고 아래 맷돌은 바닥에 고정되어야 한다.
2. 맷돌로 다 갈고 나면 갈아서 나온 것을 겨와 굵은 가루, 고운 가루로 나누라.
3. 겨는 사람의 음식으로 전혀 쓸모없으니 버리라.
4. 굵은 가루는 약간의 글루텐을 포함하고 있지만 저급 수준이다.
5. 고운 가루는 갈면서 열을 받았을 것이기 때문에 차게 두어야 하며 말려야 한다. 그렇지 않으면 빨리 썩게 된다.
6. 고운 가루로 빵이나 케이크나 반죽을 만들라.

이 책을 보면 그 당시 여인들과 지금의 여인들을 비교해볼 수 있다. 이른 아침에 빵 한 조각을 먹기 위해 얼마나 많은 수고를 했는지!

빅토리아 여왕 시대만 해도 세탁기, 전자렌지, 컴퓨터 등이 없었다. 그러나 그 시대와 우리 시대의 가장 큰 차이는 사회 속에 위치한 여자의 지위였다. 물론 그 당시에도 독립적이고 독창적인 사상을 가진 여성들도 있었다. 하지만 대부분의 여성들은 가정에서 자신의 위치를 받아들이고 살아야 그들의 삶이 평탄할 수 있었다.

그 당시 결혼은 여자에게 가장 중요했다. 그런데 결혼의 조건이 까다로웠다. 결혼을 앞둔 소녀들은 마치 경마장에서 경기를 하는 말들 같았다. 노래를 부를 수 있어야 했고, 악기를 다룰 줄 알아야 했으며, 프랑스어나 이태리어를 조금이라도 할 수 있어야 했다. 그래야만 결혼할 수 있는 자격이 되었다. 전반적으로 빅토리아 여왕 시대의 여인들은 순진했다. 책임감이 강했고 순종하는 마음이 컸다. 그러나 그 당시의 여인들에게는 지적인 내용에 대해서는 무지한 것이 덕이었다.

결혼을 했든 미혼이든, 빅토리아 여왕 시대의 여성들은 음식 메뉴를 결정하는 것 외에는 아무것도 결정할 권한이 없었다. 그 당시 여성들은 약하고 힘 없는 섬세한 꽃과 같았다.

결혼을 한 경우는 주로 대가족의 일원이 되어 자질구레한 일들을 다 감당해야 했다. 자녀들이 도덕적인 가치를 잘 배우고 있는지 확인해야 했고, 남편과 가족들을 위해 집이 언제나 평안한 장소가 될 수 있도록 애써야 했다. 즉, 하루 종일 생업에 종사한 가족들에게 안식처를 만들어주는 것이 그 당시 여성들의 책임이었다. 남편들은 가족이 안녕한 것을 확신할 수 있어야 생업 전선에서 열심히 돈을 벌 수 있었다.

거트루드 홉스는 결혼한 여성이 자신의 것으로 아무것도 소유할 수 없는 그러한 시대에 태어났다. 예를 들어 여자가 결혼을 하게 되면 그 여자가 부모로부터 받은 유산마저 결혼하는 순간 남편의 소유가 되어버렸다. 만일 어떤 여성이 남편과 이혼을 하게 되면 그 이혼이 합법적이고 타당한 이유가 있다 하더라도 그녀는 자녀들을 만날 자격을 박탈당했다. 이혼한 여성은 사회에서 절대로 받아들여지지 않았다. 혼자 사는 어머니들의 삶은 더욱 힘들었다.

'만일 거트루드가 자신 앞에 어떠한 삶이 놓여 있는지 조금이라도 알았다면 마음을 바꾸고 태어나지 않았을지도 모르지.'

나는 혼자 농담을 하며 여러 수집된 자료들을 훑어보았다.

'물론 그러한 선택마저 할 수 없었겠지!'

나는 여러 자료들을 순서대로 적당한 자리에 꽂으면서 씁쓸한 미소를 지었다. 연구를 하다보니 머리가 아팠다.

'캐스린이 직접 나에게 이야기하는 것이 훨씬 쉽겠다.'

나는 혼잣말을 한 후에 긴장을 풀기 위해 산책을 나갔다.

다시 돌아와 연구 자료를 살피다 보니, 거트루드가 살던 시대에 다른 부요한 여성들이 어떻게 살았는지 발견할 수 있었다. 부요한 여성들은 독서, 바느질, 손님 접대, 다른 여성들 방문, 편지 쓰기, 하인들 거느리기, 남편의 사회적 지위를 대변할 수 있는 복장을 차려 입기 등의 일을 했다. 그렇게 나빠 보이지는 않았다. 그러나 그 당시 영국에서 가난한 여성들의 경우는 모든 것이 너무나 달랐다. 그들은 남들이 입던 옷들을 입었는데, 보통 다섯 번 정도 중고 시장을 거친 옷들을 입었다. 여성 하인들은 주로 그들이 섬기던 가정에서 남는 옷을 주워 입었다. 방앗간에서 일하던 평범한 노동자들은 기껏해야 자기 가정에 가장 기본적인 형편없는 음식을 제공할 수 있었다. 고약한 냄새가 나는 돼지 삼겹살 또는 신선하지 않은 야채, 몇 년 묵은 감자, 질긴 고기, 덩어리 치즈, 오트밀로 만든 죽, 오래된 빵 등이 고작이었다.

나는 거트루드 홉스가 남편을 사별한 후에 경제적으로 그녀를 보살필 수 있는 남자를 찾아 신속하게 결혼할 수도 있지 않았을까 생각했다. 그러나 그녀는 그렇게 하지 않았다. 대신에 그녀는 남편의 믿음을 그대로 따랐다. 내가 이해한 바로는 오스왈드 챔버스에게 돈을 버는 것은 삶의 첫 번째 우선순위가 아니었다. 그는 성경이 말한 것을 그대로 믿었다. 즉, 하나님의 나라를 먼저 구하는 자는 하나님께서 나머지를 책임지시겠다는 약속 말이다. 한번은 오스왈드 챔버스가 자신이 가지고 있는 마지막 현금을 길거리의 거지에게 전부 준 적도 있다.

거트루드와 오스왈드의 유일한 딸인 캐스린은 나로 하여금 하나님을 깊이 알 수 있는 가능성의 문을 열어주었다. 나는 기대감으로 그 다음 이어질 대화를 기다리곤 했고, 그녀로부터 올 다음 편지의 내용을 궁금해하며 먼 영국으로부터 넘어오는 그녀의 편지를 눈이 빠지게 기다렸다.

시간이 지나면서 나는 캐스린과 통화하기 위해 새벽 3시에 일어나는 것이 습관이 되어가고 있었다. 그때가 되어서야 영국은 정상적인 아침 시간이 되기 때문이었다. 나는 궁금증을 캐스린에게 말했다.

"저는 어떤 여성이 잠언 31장에 묘사된 여인처럼 지금 이 시대에 산다면 어떤 일이 발생할지 매우 궁금하답니다. 사실 이 시대의 여인들은 사업도 하고, 정치에 참여하기도 하면서 세상의 여러 일들에 전반적으로 다 참여하고 있어요. 성경에서 읽은 내용을 지금 이 시대에 어떻게 적용해야 하나요?"

나는 당장 어떤 답변을 기대한 것은 아니었다. 캐스린은 듣기를 잘했다. 나중에 알고 보니 비디 챔버스도 마찬가지였다. 그 엄마에 그 딸이었던 것이다. 듣기를 잘하는 훈련을 딸이 엄마에게서 배운 것이다.

"아무튼, 캐스린! 나는 성경에서 현숙한 여인을 연구하면서 그 여자는 초자연적인 특별한 재능을 가지고 있는 여자라는 생각을 하게 되었어요. 새벽에 일어나서 밤늦게까지 일하고, 양털과 삼을 구해 베틀에 짜고 모든 식구들을 위해 옷을 만들어 입혔으니, 어떻게 평범한 사람이 그렇게 할 수 있었을까요?"

나는 잠깐 말을 멈추었다.

"잘 들리세요?"

"그럼요."

"좋아요. 그래요. 아무튼 잠언 31장의 현숙한 여인은 사업을 하는 여인 같다는 생각도 들어요. 하녀들을 거느리고 있고 하녀들에게 일을 나누어주고 있지요. 아침 동이 트는 순간부터 일을 계획하고 있구요."

숨을 들이켜기 위해 나는 말을 멈추었다.

"계속 잘 들리세요?"

"그럼요."

"조금 더 참아주실 수 있으세요?"

"걱정 마세요. 아주 재미있는걸요."

"좋아요. 아무튼 믿을 수 없을 만큼 대단한 이 여인은 그 도시에서 중요한 지위를 가진 남자와 결혼을 했지요. 아마 도시를 위한 중대한 결정을 내리는 위치의 남자였던 것 같아요. 어쩌면 나라의 중대사를 다루는 사람일 수 있구요. 누가 알겠어요? 혹시 세계의 중대한 문제를 다루는 위치일 수 있지요. 저는 지금 이 시대에 이러한 삶을 사는 여인이 있는지 알고 싶답니다."

"계속하세요."

"좋아요. 이제 요약하겠습니다."

이쯤 되자 캐스린은 호호 웃기 시작했다.

힘을 얻은 나는 계속 이어 말했다.

"이제 정리한 내용을 읽어드리지요. 잠언 31장을 정리한 거예요."

- 그녀는 남편이 믿는 대상이었다.
- 그녀는 남편을 만족시켰다.
- 그녀는 자신의 전생애를 다해 남편을 도왔다.
- 그녀는 남편의 기를 죽인 적이 없다.
- 그녀는 양털을 구하고 삼을 구해서 옷으로 만들었다.
- 그녀는 온 세상으로부터 음식을 구했다.

- 그녀는 물건을 사기 위해 직접 부둣가까지 가서 장을 보았다.
- 그녀는 새벽 알찍 일어나 아침을 장만했다.
- 그녀는 하인들에게 일거리를 주었다.
- 그녀는 땅을 살펴서 구입을 했다.
- 그녀는 포도나무를 심었다.
- 그녀는 피곤해하지 않았다.
- 그녀는 힘센 팔을 가지고 있었다(즉, 신체적으로 건강했다).
- 그녀는 도시의 가난한 자들을 도왔다.
- 그녀는 시간이 남으면 궁핍한 자들을 위해 바느질을 했다.
- 그녀는 자신의 옷도 만들어 입었다.
- 아마도 내 생각으로는 오늘날처럼 그녀는 과잉 칼로리 걱정을 하지 않았을 것 같다.

캐스린에게 이 내용들을 주욱 읽어주는 동안 나는 계속 이러한 생각을 했다.

'이 시대의 가장 위대한 설교가의 딸과 대화를 하고 있는데 그녀는 나에게 자신의 이름을 불러줄 것을 허락하다니.'

지금은 캐나다에서 살지만 사실 나는 오래전에 미국에서 자라났다. 그때 나는 교양과 예절을 훈련받았다. 선생님, 목사님, 의사들, 특히 대통령에게는 예의 바르게 말해야 했다. 지금 세대 차이가 있다 하더라도 여전히 사람들은 '…씨, 선생님, 여사님' 등의 용어를 존칭어로 사용하고 있다. 그러므로 캐스린은 지금 어른으로서 존경을 받아야 하는 입장인데, 내게 이름을 부르도록 허락하니 나는 깜짝 놀랐던 것이다.

사실 나는 "캐스린, 어떻게 어머니가 태어나신 해를 모르시게 되었는지요?"라고 묻고 싶었다. 그러나 그러한 질문은 무례할 수 있다는 생각이 들었다. 그래서 대신 이렇게 물었다.

"어머니께서 영국 엘담에서 태어나셨지요? 저는 지리에 어두워서 그러는데, 엘담이 정확하게 어디쯤 되는지 알려주시겠어요?"

나는 대답을 기다렸지만, 반응이 없었다.

"중요한 문제예요. 알려주세요."

나는 재촉했다.

"지도에서 영국 런던은 찾을 수 있겠는데, 엘담은 찾을 수 없어요. 아직 엘담이라는 곳이 존재하나요?"

그녀가 대화를 즐기고 있음을 전화상으로도 느낄 수 있었다.

"웃고 계시지요? 그럼, 좋아요."

나도 한마디했다.

"어머니는 남에게 즐거움을 전달하는 웃음을 보여주곤 하셨어요."

캐스린이 말을 꺼냈다.

"어머니와 아버지는 남을 속이지를 못했어요. 얼굴에 감정이 그대로 나타났지요. 예수님께서도 웃음을 참지 않으셨을 것 같아요. 그렇겠지요?"

캐스린에게 성경의 진리는 매일의 삶의 부분이었다. 나는 그녀가 말하는 모든 말을 마음속에 담고 있었다. 그녀는 설명하기 시작했다.

캐스린의 어머니 거트루드 홉스는 세상이 어려울 때 태어났다. 19세기 말에는 모든 것이 힘든 때였다. 세탁기가 발명되기 전이었지만 빨랫거리는 매일 산더미처럼 밀렸던 때였다. 여성들에게 빨래는 허리가 부러지는 노동과 같은 것이었다.

거트루드의 어머니는 아이들을 먹이고 입히느라 온종일 고생을 했다. 지금 우리가 너무나 당연하게 여기는 작은 것들, 그러나 실제로 우리의 삶을 너무나 편하게 만드는 것들, 예를 들어 볼펜마저 그 시절에는 없었다. 거트루드가 태어나던 당시에 미국에는 특허를 얻은 만년필이 새로 나왔다. 그때 나온 만년필 펜을 쓰려면 잉크병을 따로 들고 다녀야 했다. 그 당시 여인들은 장을 봐야 할 것이 너무나 많았다. 그럼에도 장 볼 내용을 일목요연하게 정리할 수 있는 가계부 하나 없었다.

19세기 말에 전구가 발명되었다. 이보다 더 중요한 사건은 예수 그리스도의 빛을 비쳐줄 작은 빛 하나가 태어난 것이다. 그 작은 빛은 거트두드 홉스의 출생이었다. 이 어린 소녀의 삶이 전 세계에 어떤 영향을 미치게 될 지 그 누가 알 수 있었을까?

캐스린에게 그녀의 어머니에 대해 어떻게 느꼈는지에 대해 묻자, 그녀는 이렇게 대답했다.

"평생 어머니를 사랑했지요."

아마 지금 이 세상의 많은 딸들은 캐스린과 다르게 대답할지도 모르겠다. 그러나 캐스린은 무조건 어머니를 사랑했다. 어머니를 사랑하는 가운데 만나는 모든 사람들에게 그리스도의 사랑을 몸소 보였던 어머니의 모습을, 캐스린은 그대로 본받았던 것이었다. 이제 나도 예외는 아니다.

캐스린은 하나님과 주의 말씀을 믿는 믿음에 따라 살았다. 사랑으로 가득 찬 삶을 살며 그리스도의 삶의 본을 따르는 삶을 살았다. 주님은 우리를 사랑하셔서 우리를 위해 자신을 희생하셨다. 이러한 삶만이 하나님을 기쁘시게 한다. 내 노트에 이렇게 기록되어 있다.

"사랑이 인생 길을 이끄네."

한때 캐스린은 간호사로서 영국 빈민촌에서 일했다. 어쩌면 그녀는 어려운 환자들을 돌봐왔기 때문에 나의 첫 번째 전화를 빨리 받았을 수도 있다. 아니면 그녀가 너무나 친절하기 때문일 수도 있다. 아무튼 그녀는 버려진 고양이들, 개들, 학생들, 심지어 갓난아이까지 돌보았다. 그녀는 어머니의 삶을 그대로 본받았는데, 그녀의 집은 언제나 그녀의 도움을 필요로 하는 사람들에게 안식처가 되어주었다.

캐스린은 결혼하지 않고 혼자 살았기 때문에 자식이 없었다. 그럼에도 불구하고 그녀는 강한 모성애를 소유하고 있었다. 아마 그 점 때문에 내가 그녀에게 더 끌렸는지도 모른다. 나는 매우 어렸을 때 어머니를 잃었다. 그래서 그런지 오스왈드 챔버스의 따님과 말하게 되었을 때, 마치 성탄절 아침에 나무 아래서 가장 좋아하는 선물을 발견한 것 같았다. 처음으로 캐스린을 발견했을 때의 기쁨은 말로 표현할 수 없을 만큼 어마어마했다.

캐스린이 과거를 회상하면서 이 시대의 그리스도인 여성의 롤모델이 될 수 있는 분을 보여주기 시작했다. 그녀의 이야기를 들으며 나는 내 몸이 굳을 정도였다. 「주님은 나의 최고봉」에서 B.C.로 소개되어 있는 그녀의 어머니는 엄청난 분이었다. 그분의 삶이 지금 이 시대의 여인들에게 길을 비추어줄 수 있지 않을까 하는 확신이 들기 시작했다. 흔들리는 결혼 생활, 방황하는 자녀들, 직장의 어려움, 상실, 피곤, 질병, 슬픔, 실망, 이혼 등의 여성 문제에 해답을 줄 수 있다고 확신했다.

챔버스 가문의 유산을 찾아 떠난 나의 탐구여정은 이제 상상에서 실체로 바뀌기 시작했다. 방황하는 순례자인 나에게 캐스린은 따스한 우정의 손길을 내밀었고, 그녀를 통해 점점 놀라운 사실들이 전개되기 시작했다.

비록 어린 나이였지만 그녀의 부모님의 삶을 바라보면서 배운 신앙 덕분에, 캐스린은 너그럽게 그리스도의 사랑을 나에게 건네줄 수 있었다. 캐스린의 어머니가 그리스도를 좇았듯이, 캐스린도 그리스도를 좇았다.

"캐스린, 다음에 다시 통화해요."

"그래요."

그녀는 따스하게 대답했다.

"다음에 어머니의 어린 시절에 대해 말해주실 수 있지요?"

"물론이지요. 어머니는 어렸을 적에 '투르다' Truda라고 불렸다고 해요."

3장

평생의 반려자를 만나다

"그러므로 너희는 가서 모든 민족을 제자로 삼아 아버지와 아들과 성령의 이름으로 세례를 베풀고 내가 너희에게 분부한 모든 것을 가르쳐 지키게 하라 볼지어다 내가 세상 끝날까지 너희와 항상 함께 있으리라 하시니라"마 28:19-20.

1905년, 당시 22세 되는 거트루드 홉스는 긴 치마를 차려 입고 아침 설교를 들으러 영국 런던 근처의 엘람 파크 침례교회의 맨 앞자리에 가서 앉았다. 그곳에서 깜짝 놀랄 일이 있었다. 챔버스 아더 목사님 대신에 31세의 동생 챔버스가 특별 주일 설교를 하기 위해 회중 앞에 선 것이었다. 거트루드는 앞을 똑바로 보고 오스왈드의 설교를 기다렸다. 가만히 보니 오스왈드는 키

1904년 30세의 챔버스.

가 크고 진지한 얼굴을 하고 있었다. 더욱이 그녀는 그의 언변에 사로잡혔다. 그녀는 그가 외치는 "그리스도를 따르라"는 깊은 부르심을 들을 준비가 되어 있었다.

캐스린은 편지에서 왜 그녀의 어머니가 처음에 엘람의 침례교회를 가게 되었는지를 설명했다.

아버지의 제일 큰형은 엘람에서 침례교 목사였지요. 외할아버지와 어머니의 가족들은 그 교회의 성도였고 그들은 언제나 방문 목사의 설교를 즐거워했답니다. 아버지는 당시 스코틀랜드의 대학에 다니고 있었는데 설교하시기 위해 오게 되었지요. 아버지는 저희 외할머니 댁에서 식사를 하게 되신 것 같아요. 바로 그때 아버지와 어머니가 만나게 된 것이지요.

어머니가 미국을 방문할 기회가 있었는데 우연히 아버지도 미국에 가게 되었답니다. 그래서 외할머니는 아버지에게 배 안에서 어머니를 잘 좀 보살펴 달라고 부탁했지요. 이 부탁을 듣던 어머니는 부끄러워 어쩔 줄 몰라했지만 내심 기뻤답니다.

어머니는 매리안이라는 좋은 친구가 있었지요. 매리안 역시 비서였어요. 매리안은 미국에서 직장을 구했지요. 그래서 미국에 가게 되었는데 어머니에게도 미국에서 직장을 구하라고 설득한 것이었지요. 그래서 어머니도 미국에 지원서를 보내고 배를 타고 미국으로 가게 된 것이지요. 약 10일 정도 걸렸다고 해요. 비용은… 이 부분은 알아낼 수 없었어요. 아마 그렇게 비싸지는 않았던 것 같아요.

매리안과 어머니는 같은 숙소에 있게 되었어요. 나중에 어머니는 일거리가 떨어지자 바로 영국으로 돌아왔지만, 매리안은 그곳 미국에 정착해 결혼을 했답니다.

이 편지에 여러 사건들을 순서대로 나열하기가 쉽지 않네요.

이 편지를 읽기가 어렵지 않았으면 좋겠어요.

많은 사랑을 실어

캐스린 드림

이 이야기는 나를 사로잡았다. 그래서 더 열심히 연구를 하게 되었다. 오스왈드 챔버스는 어떤 분이셨을까? 거트루드의 어머니는 바다를 건너는 항해에서 왜 딸을 총각 오스왈드 챔버스에게 맡겼을까?

기독교 작가인 마일즈 스탠포드Miles Standford로부터 오스왈드 챔버스에 대해 여러 가지를 알아낼 수 있었다.

오스왈드 챔버스는 스코틀랜드 에버딘에서 태어났다. 그는 남부 캔싱턴의 예술 학교와 에딘버그 대학에서 교육을 받았으며 더눈Dunoon 훈련대학에서 신학을 공부했다. 그는 그곳에서 철학을 가르치는 조교였다. 1906년부터 1907년까지 그는 감리교의 신성Holiness 그룹의 틈에 끼어 세계 선교여행을 가게 된다. 그리고 더눈 훈련대학에서 총장 던칸 맥그레고르의 지도하에 공부하면서 하나님과 가깝게 동행하게 된다.

맥그레고르 목사님은 젊은 그리스도인들을 모아 신학과 히브리어와 헬라어를 가르쳤다. 그는 사역을 위해 그들을 준비시켰다. 그곳은 아주 작은 규모의 학교였지만 영적으로는 매우 강한 학교였다.

만일 어떤 학생이 학업을 위해 비용을 낼 수 없을 경우에는 학교가 부담해서 그 학생을 받아들였다. 모든 사람들이 학교와 정원에서 일해야 했다. 학생들은 외지 선교에 나간 사람들처럼 스스로 생계를 유지하는 훈련을 받았다.

오스왈드가 더눈에서 공부하는 동안, 하나님은 토기장이가 사용할 그릇을 만드는 것처럼 그를 빚어내셨다. 그는 바울이 다음과 같이 말하는 것을 배웠다.

> "모든 것을 해로 여김은 내 주 그리스도 예수를 아는 지식이 가장 고상하기 때문이라"빌 3:8.

(이 부분에서 내 마음은 오스왈드 챔버스의 삶에 무슨 일이 발생했는지 알고 싶어서 동요했다. 하지만 마침내 여러 퍼즐들이 하나로 연결되는 것 같았다.)

1905년 웨일즈를 휩쓰는 영적 부흥이 있었다. 오스왈드의 형인 아더 챔버스는 교회들이 부흥하는 것을 보고 어떤 일이 발생했는지를 알기 위해 웨일즈로 갔다.

그 당시 거트루드 홉스와 그녀의 언니 에디스는 최근에 영국 엘담의 아더 챔버스가 섬기는 교회에 등록해 세례를 받았다.

오스왈드는 서로 다른 교단들과 사회 각층의 사람들이 하나가 되는 것을 보면서 영적 부흥에 끌리게 되었다. 서로의 차이점에 대해 논쟁하는 대신에 성도들은 조화를 이루기 시작했다. 모든 사람들에게 가장 중요한 것은 그리스도를 믿는 믿음이었다. 오직 성령만이 영적 부흥을 가져오실 수 있었다.

이 현상은 '거룩운동'이라고 불리었다. 이 역사는 1824년부터 시작되어 1923년까지 이어졌다. 거룩운동의 기본 개념은 마음과 뜻과 영혼을 다해 하나님을 사랑하는 것이고 의도적인 죄를 버리는 것이며 하나님의 신성한 명령을 조심스럽게 지키는 것이었다. 하나님의 용서와 속죄를 겸손하게 의지하고 받아들이는 삶이었다. 이 거룩운동을 지원하는 자들과 추종하는 자들은 모든 일에서 하나님의 영광을 구했으며 하나님의 모든 율법을 이루기 위해 사랑을 행하기에 힘썼다 Wesleyan Theological Journal 33, Spring 1998.

내 생각에는 사도행전이 웨일즈뿐 아니라 전 세계를 휩쓰는 이러한 '거룩운동'을 서술하고 있다고 본다. 성경을 붙들고 읽기 시작하자 사도행전에서 다음 구절들이 내 마음을 사로잡았다.

"하나님이 말씀하시기를 말세에 내가 내 영을 모든 육체에 부어주리니 너희의 자녀들은 예언할 것이요 너희의 젊은이들은 환상을 보고 너희의 늙은이들은 꿈을 꾸리라 … 누구든지 주의 이름을 부르는 자는 구원을 받으리라 하였느니라 … 베드로가 이르되 너희가 회개하여 각각 예수 그리스도의 이름으로 세례를 받고 죄 사함을 받으라 그리하면 성령의 선물을 받으리니 … 그 말을 받은 사람들은 세례를 받으매 이날에 신도의 수가 삼 천이나 더하더라 그들이 사도의 가르침을 받아 서로 교제하고 떡을 떼며 오로지 기도하기를 힘쓰니라 … 믿는 사람이 다 함께 있어 모든 물건을 서로 통용하고 하나님을 찬미하며 또 온 백성에게 칭송을 받으니 주께서 구원받는 사람을 날마다 더하게 하시니라"행 2:17,21,38,41-42,47.

그 그림이 더욱 생생하게 다가왔다. 오스왈드 챔버스는 거룩운동이 있는 동안에 살았고 사역했고 선포했다. 1905년 그의 형 아더가 자신이 섬기는 교회에서 말씀을 전해달라고 그를 초청했을 때, 오스왈드는 스코틀랜드 더눈 훈련학교에서 철학을 가르치고 있었다. 그때 교회에서 거트루드 홉스와 오스왈드 챔버스는 서로 만나게 된 것이다.

나는 만족한 가운데 웃었다. "자, 제대로 가고 있구나"라고 중얼거렸다.

나의 다음 질문은 "1905년에 오스왈드 챔버스가 설교할 때 거트루드는 무엇을 들었을까" 하는 것이었다. 그날 오스왈드의 설교는 그녀로 하여금 하나님이 그녀에게 원하시는 모든 것은 예수님을 사랑하는 것임을 믿도록 했다. 예수님을 사랑하면 하나님께서 그녀에게 모든 능력을 주신다는 것을 깨달았다. 그러므로 아무 두려움 없이 하나님께 순종하기 위해 성령으로 능력을 받으면 되었다. 그녀가 해야 하는 모든 것은 예수 그리스도께서 십자가 상에서 그녀를 위해 이루신 것을 믿고 자신과 자신의 삶을 철저하게 하나님께 드리는 것이었다. 예수님께서 말씀하셨다.

"내 이름으로 무엇이든지 내게 구하면 내가 행하리라"요 14:15.

거트루드 홉스는 오스왈드의 메시지에 사로잡혔다. 그녀는 마음속에서 자신이 어떻게 해야 하는지 정확하게 알고 있었다. 그녀는 결정을 내렸다.

거트루드 홉스는 1908년까지 바다를 건너지 않았지만 하나님께서는 그녀와 오스왈드 챔버스를 위한 계획을 가지고 계셨다. 그들은 서로 사랑하게 되었고 그들의 삶은 영원토록 세상에 영향을 미치게 되었다.

캐스린은 나에게 여러 번 이렇게 말했다.

"우리 부모님은 정말로 서로 많이 사랑하셨어요. 의무감으로 결혼하신 것은 아니지요."

귀중한 금속을 캐내듯이 멋진 사랑의 이야기의 뿌리를 찾아가다 보니 캐스린의 부모님이 더욱 귀하다는 것을 발견할 수 있었다. 나는 성경 위에 손을 얹은 채 속삭였다.

"오늘날까지 하나님은 영원히 변하지 않으시지. 그분은 영원하시니 우리는 주의 보호 아래 영원히 안전한 것이구나."

지금까지 모든 것이 다 좋았다. 계속 파고 들어가다 보니 나는 침례교 신자였던 오스왈드 챔버스가 오순절 기도연맹의 창시자인 리더 해리스와 매우 가까운 친구였다는 사실을 발견할 수 있었다.

리더 해리스는 볼리비아에서 뛰어난 건축 기술자였다. 그러나 법을 전공한 후에 1894년에 여왕의 자문위원이 된다. 그러나 그때 즈음에 그의 마음속에는 영국이 영적 부흥을 향한 열정이 타오르기 시작했고, 1889년부터 그는 자신이 받은 비전을 나누기 시작한다. 19세기 말쯤에 해리스는 150개의 지역별 기도 그룹을 형성하게 되면서 영국 전반에 걸쳐 약 17,000명 회원의 기도연맹을 이루게 된다 J. Ford, In the Steps of John Wesley, Kansas City, 1968.

리더 해리스.

엘담 파크 침례교회에 앉아 있는 거트루드 홉스는 오스왈드 챔버스보다 많이 어렸다. 그녀는 매일 계속되는 자신의 삶의 어려움과 빅토리안 영국의 어려움을 잊고 거룩의 메시지에 마음을 모았다. 그러면서 그녀는 오순절 기도연맹에 가입해야겠다고 느꼈다. 오순절 기도연맹의 목표는 "모든 믿는 자들에게 성령의 충만이 임하도록 전적으로 기도에 힘쓰는 것이며, 교회에 부흥이 일어나고 성경적인 거룩이 퍼지는 것"이었다. 그 연맹의 관점에서 볼 때 교파의 차이점은 상대적으로 중요하지 않았다. 모든 교파들은 웨슬리가 제안하는 그러한 영적 개혁이 필요했다.

오스왈드 챔버스는 거룩운동에 있어서 매우 중요한 역할을 했다. 그의 메시지는 간단했다. 처음도 나중도 언제나 예수 그리스도를 가장 사랑하라는 것이다. 그는 '예수님에 대한' 믿음에서 벗어나 '예수님'을 믿어야 한다고 강조했다. 주님과 깊은 인격적 교제를 나누는 것이 참된 믿음이라고 외쳤다.

기도연맹 본부. 런던 스페크 강당 내부.

그 다음 나의 질문은, 거룩운동에서 외친 것이 무엇이냐는 것이었다. 그 해답은 다음과 같았다.

성경은 거룩으로 가득하다. 하나님은 주의 백성들을 거룩한 나라로 따로 구별해 부르셨다. 성경에는 거룩한 제사장, 거룩한 안식일, 거룩한 희생 제사, 거룩한 산, 거룩한 성전, 거룩한 장소, 나아가 지성소가 있다. 하나님은 거룩하신 분이다. 우리도 거룩으로 부름을 받았다. 거룩함이 없이는 아무도 주를 볼 수 없다. 하나님께서 말씀하신다.

"내가 거룩하니 너희도 거룩하라."

성경은 계속적으로 완벽한 성결함 가운데 하나님께 전적으로 항복할 것을 반복해서 요구한다. 하나님의 뜻을 온전히 따르고 그분의 말씀에 완전하게 순종해야 한다. 세상의 더러운 죄악으로부터 자신을 멀리해야 한다. 거룩은 하나님 속성의 본질적 특성일 뿐만 아니라 주의 말씀이 강조하는 핵심이기도 하다. 하나님이 거룩하시니 우리도 거룩해야 한다.

거룩은 성경의 진리이다. 어떤 교단의 특징도 아니며 웨슬리, 나사렛교, 감리교만의 교리도 아니다. 교회를 성장시키기 위한 발명품도 아니다. 거룩은 성경적이다. 성경적인 진리는 부상해야 한다. 성령께서 주의 백성들로 하여금 모든 진리로 인도하신다. 성령은 교회를 성경적인 진리 곧 거룩으로 돌아오게 하신다. 이를 이루기까지 앞으로 오랜 시간이 걸릴 수도 있다. 다른 형태로 역사할 수도 있다. 다른 언어로, 다른 지도자 밑에서 다르게 역사할 수 있다. 그러나 우리가 아는 것은 성령은 주의 백성과 교회를 거룩하게 하신다는 점이다. 성경의 진리를 막는 것은 마치 물 속에 코르크 마개를 숨기려는 것과 같다. 그러나 아무리 숨기려 해도 조만간에 다시 물 위로 떠오른다Keith Drury, The Holiness Movement: Dead or Alive?.

나는 이 진리가 오늘날의 교회에 충격을 주었으면 하고 소원하게 되었다.

오스왈드 챔버스에 의해 선포된 메시지는 거트루드에게 임한 하나님의 소명이었다. 그녀는 마음을 활짝 열고 말씀에 순종했다.

탐구여정 4

따뜻한 위로자

"이는 너희가 흠이 없고 순전하여 어그러지고 거스르는 세대 가운데서 하나님의 흠 없는 자녀로 세상에서 그들 가운데 빛들로 나타내며 생명의 말씀을 밝혀 나의 달음질이 헛되지 아니하고 수고도 헛되지 아니함으로 그리스도의 날에 내가 자랑할 것이 있게 하려 함이라"빌 2:14-15.

캐스린이 내 삶에 들어온 이후로 그녀는 내게 위로 향하는 길을 보여주었다. 그녀는 인간적인 면의 뛰어난 아량이나 독특한 성격으로 나를 이끄는 것이 아니라 그녀의 어머니 거트루드 홉스 챔버스처럼, 수천 년 동안 사람들의 삶을 변화시켜오신 주님의 손길을 체험하게 하는 통로의 역할을 했다.

"하나님의 나라는 말에 있지 아니하고 오직 능력에 있음이라" 고전 4:20.

챔버스 가족의 유산 덕분에, 버려지고 천대받는 사람들을 찾아오신 주님의 가르침이 내 마음 깊은 곳에 자리잡기 시작했다.

"어머니의 어린 시절에 대해 뭐든지 말씀해 주시겠어요? 예를 들어, 왜 사람들이 어머니를 '투르다' 라고 불렀는지에 대해서요."

"어머니는 '거르티' Gertie 라고도 불렀지요."

"그냥 별명인가요?"

나는 갑자기 혼동이 되었다.

"캐스린, 그냥 아시는 바를 나중에 편한 대로 말씀해 주시겠어요?"

"그래요, 내 친구분! 그게 좋겠어요."

캐스린이 재빠르게 대답했다.

"편지를 쓰도록 하지요. 글씨가 엉망이라도 이해해주세요."

그녀의 웃음소리는 더운 여름날의 시원한 강물의 물방울 같았다. 그렇게 결정한 후 우리는 전화를 끊었다.

며칠 후, 약속대로 캐스린은 자신의 어머니와 외할머니에 대한 내용을 담은 편지를 내게 보내왔다. 편지를 읽는 데 전혀 문제가 없었다! 오히려 캐스린은 부모로부터 번뜩이는 문장 실력을 물려받은 듯 그녀의 답장은 대단했다.

친애하는 마르다!

내 친구분! 나는 글을 크고 읽기 쉽게 쓰려고 합니다.

나의 외할머니 홉스는 런던의 동남쪽에 위치한 엘담에서 살았답니다. 자녀는 딸 둘과 남자 아이가 있었지요. 외할아버지는 제 어머니가 십대 청소년이었을 때 돌아가셨답니다. 어머니는 해마다 기관지염을 앓고 계셔서 학교에 가지 못한 때가 많았습니다. 아무튼 열네 살즈음에 학교를 그만두고 피트먼Pitman 속기를 배우기 시작했어요. 외할머니와 고모가 책을 읽으며 도와주어서 1분에 275자를 속기할 수 있게 되었다고 해요. 어머니는 영국 수상의 비서가 되는 것이 꿈이었답니다!

어머니의 처음 직장은 울위치 아서널Woolwich Arsenal에 위치한 윌리암 노리스 경의 비서직이었습니다.

나는 울위치 아서널 단지가 영국 켄트에 위치하고 있음을 발견했다. 그래서 거트루드 홉스가 첫 번째 직장으로 있었던 그곳에 가서 좀 더 많은 정보를 찾아보기로 했다. 일반 사람들은 1분에 대략 180개에서 200개의 단어를 말한다고 한다. 그렇다면 그녀의 속기 속도와 정확도는 대단히 뛰어난 것이었다.

나는 캐스린의 편지를 읽으면서 그녀의 어머니가 분명히 고급 공무원이었을 것이라고 생각했다. 비서직으로서의 첫 번째 직업이 어떠한 것인지 알기 위해 나는 더 구체적으로 파고들기 시작했다. 울위치 아서널 단지에 대해 조사해보니 다음과 같은 사실들을 알 수 있었다.

로얄Royal 울위치 아서널은 군대를 위해 폭탄, 장총 등의 무기를 만드는 곳이었다. '로얄 아서널'이라는 명칭은 1805년에 주어진 것이다. 1차 세계대전 때 이 단지는 평방 2마일이었으며 약 8만 명의 종업원들이 이곳에서 무기를 만들고 있었다. 철로 지어진 암스트롱 소총 공장이 여전히 그곳에 있으며 영국 박물관으로 사용되고 있다. 근처에는 전에 철로 총자루를 만들어내던 쉬링킹 피츠Shrinking Pits가 있다.

관련된 사진들은 이 단지의 규모를 보여주고 있었고 지금도 그 단지를 방문하는 사람들에게 위협을 느끼게 한다. 높고 큰 건물들, 통풍이 잘되는 높은 창문들, 철로 만든 원형 계단들, 벽돌과 돌로 만든 단지의 벽들, 그리고 쉬지 않고 들리는 윙윙거리는 기계 소리…. 십대의 어린 거투르드 홉스는 무기 만드는 단지로 취직한 것이었다.

그녀가 단추 달린 긴 부츠를 신고 어떻게 그 좁은 계단을 올라다녔는지, 긴 치마를 입고 어떻게 그 거친 시멘트 바닥의 길들을 다녔는지를 생각하니 마치 기적같이 느껴졌다. 당시 상황에 대한 글들을 보면, 여자들은 멋진 몸매를 유지하기 위해 꽉 조이는 코르셋을 입었다고 한다. 그래서 종종 공기가 부족해 졸도하곤 했다고 한다. 아무튼 그녀는 과감하게 사회에 진출했다.

컵에 물 한 잔을 따라 마신 후 나는 다시 연구를 계속했다. 내가 발견한 내용들을 보면서 도무지 믿을 수 없었다. 거트루드 홉스는 총을 만드는 공장에서 일했던 것이다. 후에 국제 장거리 전화를 할 때 캐스린은 그녀의 어머니가 거기서 "한동안 일했다"고 말해주었다.

거트루드 홉스의 그 다음 직장은 전혀 다른 종류의 것이었다. 거의 대부분의 런던의 변호사들이 모여 있는 링컨 인 필즈 Lincoln's Inn Fields에서 변호사를 위한 비서가 되었다. 거기서 그녀는 법적인 문서들을 타이핑했는데, 글자 하나라도 틀려서는 안 되는 완벽한 문서들이어야 했다. 캐스린에 의하면 "절대 오타 수정을 할 수 없는 정확한 문서"여야 한다고 했다.

결국 거트루드 홉스는 우리 모두를 위해 타이핑을 했다. 오스왈드 챔버스의 설교 메시지가 책으로 엮어져 나온 것은 그녀의 타이핑 덕분이었다. 캐스린은 종종 "어머니가 타이피스트였다는 사실로 인해 기쁘지요"라고 말하곤 했다.

나도 16세가 되던 해에 첫 번째 직업으로 타이피스트가 된 적이 있다. 고등학교에서 타이핑 과정을 간신히 마친 후 첫 직장에 들어갔다. 출근 첫날, 서무부장이 나를 앉혀놓더니 수동 타자기를 하나 주면서 "정오까지 마쳐야 한다"라고 말하며 커다란 법적 서류 뭉치를 주었다. 그 서류 뭉치를 받고 얼마나 걱정을 했던지…. 아무튼 나는 열심히 타자를 치기 시작했다. 두세 글자를 치니 벌써 오타가 나왔다. 당황한 가운데 주위를 둘러보았다. 주변에서 전자 타자기로 완벽한 서류들을 정신없이 쏟아내는 타이피스트들이 눈에 띄었다. 그들 중 아무도 나의 실수를 눈치 채지 못한 것 같았다.

"아직까지 나도 잘하고 있는 거야."

나는 혼자 중얼거렸다.

오타를 고칠 수 있도록 잉크 지우개 및 오타 수정 용액을 사용할 수 없었기 때문에 손가락이 잘못 움직일 때마다 내 얼굴은 백짓장같이 하얗게 되었다. 내가 타자해놓은 서류들은 최악이었다. 날짜와 서류 이름을 치기 위해 서류의 첫 번째 세 단어를 치는 데 한 번이 아니라 무려 다섯 번의 오타를 내고 있었다.

다시 자세를 가다듬고 자판을 똑바로 보면서 한 단어라도 실수하지 않으려고 애썼다. 그러나 이미 심각한 오타들이 서류에 찍혀 있는 것을 알고는 그 서류를 쓰레기통에 던졌다. 벌써 아침 9시였다. 10시가 되니 내 쓰레기통은 버려진 서류로 가득 찼다. 이제 겁이 났다.

'예정대로 못 마치게 되면 나는 어떻게 되는 거지?'

마음속에서 조용한 음성이 들렸다.

'해봐! 너는 할 수 있어.'

11시 30분경까지 나는 최선을 다해 주의하면서 계속 타자를 쳤다. 이제는 다른 비서들이 신경 쓰이지 않았다. 그들이 얼마나 정확하게, 얼마나 빠르게 치는지 알 필요가 없었다. 더 이상 겁이 나지도 않았고 그전까지 괴성처럼 들리던 타자 소리도 들리지 않았다.

이번에는 실수가 없다는 것을 확신할 수 있었다. 마음을 집중한 가운데 맡겨진 서류를 다 칠 수 있었다. 성공한 것 같았다. 벽시계를 보며 정오가 되었는지를 확인해보았다. 그리고 다시 타자기를 보는데, 아뿔사! 타자기에는 종이가 없었던 것이다. 정확하게 치느라 종이가 기계 옆으로 밀려 바닥에 떨어진 것을 보지 못했던 것이다. 그때 정오를 알리는 벽시계의 소리가 들렸다. 내 앞에는 어디서 나타났는지 오전 9시에 내게 업무를 할당한 서무부장이 내 팔꿈치 옆에 서 있었다.

"이 일은 자네를 위한 일이 아니었나 보군."

서무부장은 무시하는 눈빛으로 나를 쳐다보았다. 나는 부끄러움에 머리를 떨구며 "그런 것 같습니다"라고 대답했다. 눈물이 나오는 것을 꾹 참았다.

변호사 사무실은 제일 큰 도시의 가장 높은 빌딩의 41층에 있었다. 나는 엘리베이터를 타고 내려오기가 너무나 부끄러워서 41층의 계단을 걸어내려왔다. 빌딩에서 나오자 붐비는 행길 사이로 재빠르세 달리기 시작했다. 너무나 비참했다.

집에 돌아와서 내 옷의 주머니와 가방에서 종이들을 끄집어냈다. 그 종이들은 타이프를 칠 때 계속되는 오타로 인해 더 이상 사무실 쓰레기통에 버릴 수 없었던 것이었다. 그래서 사람들 몰래 안주머니와 가방에 쑤셔넣은 것들이었다.

아직까지 나의 가족에게 이 사실을 말한 적이 없다. 그런데 캐스린과 통화할 때 그녀에게 이 사실을 말해주었다. 그녀는 가만히 듣더니 나의 마음의 상처를 어루만져 주었다. 그리고 그 상처 난 자리에 주님의 승리를 안겨주었다. 그녀와 이야기를 하면 할수록 그녀의 사랑이 나의 실패의 상처들을 싸매주는 것을 느낄 수 있었다. 내 영혼에 예수님의 손길을 느꼈던 것이다.

믿음과 경험에서 나오는 캐스린의 지혜를 들을 때마다 나의 영혼에는 평강이 임했다. 나는 그녀와 함께하고 있다는 사실만으로도 영광이라고 느꼈다. 그녀는 재치가 많았으며 잘 웃었다. 우리의 대화는 날씨, 가을, 가족에 관한 이야기 등 일상적인 것들에 대한 것이 많았다.

캐스린은 어린이들을 반겼다. 언제나 어린이들을 위한 시간을 마련했고 그들을 향한 관심이 컸다. 아마도 그녀는 어린이들에 대한 관심을 가지면서 그 길에서 어머니의 길을 따르고 있었던 것 같았다. 아버지 오스왈드는 언제나 우리가 어린아이 같은 믿음을 소유할 필요에 대해 강조했다.

캐스린은 나에게, 예수님은 상식이나 지식보다 어린아이 같은 믿음이 가장 중요한 것임을 가르치셨다고 말해주었다. 제자들이 어린아이들의 믿음에 대해 관심이 없을 때, 주님은 어린아이들을 불러 그들을 안으며 말씀하셨다.

> "예수께서 그 어린아이들을 불러 가까이 하시고 이르시되 어린아이들이 내게 오는 것을 용납하고 금하지 말라 하나님의 나라가 이런 자의 것이니라 내가 진실로 너희에게 이르노니 누구든지 하나님의 나라를 어린아이와 같이 받아들이지 않는 자는 결단코 거기 들어가지 못하리라 하시니라"눅 18:16-17.

캐스린과 그녀의 어머니 거트루드는 어린아이와 같은 단순한 믿음을 가지고 있었다. 그들은 또한 잠언 31장에 묘사된 현숙한 여인의 영적 아름다움과 지혜를 가지고 있었다. 나는 내 책상에 산더미같이 쌓인 책들을 덮고 여러 메모들을 한곳에 모으면서 '오늘날에도 그리스도 예수를 통해 그러한 삶을 사는 것이 가능하구나' 라고 말했다.

그 다음날 영국 시간으로 일찍이 다시 전화를 했다.

"캐스린! 이렇게 이른 아침에 전화를 받으셔서 감사하네요. 받은 편지가 너무 마음에 들었어요. 고맙습니다."

그녀도 나의 열정을 기뻐해주었다. 한참 대화를 나눈 후에 그녀는 내게 과제를 하나 주면서 대화를 마쳤다.

"나의 친구분! 식사를 거르지 마세요. 삶은 달걀 좀 드시고 편안히 주무세요. 예수님께서도 언제나 실질적이셨지요. 아시지요?"

"그럼요!"

나도 순순히 따를 듯이 대답했다.

"침."

그녀는 주제를 바꾸면서 계속 말을 이었다.

"내 애완견 이름이 '레이디' Lady인데요, 천둥을 무서워해요. 그러나 나와 함께 두려움을 이기지요."

그녀는 레이디를 사랑했다. 사실 그녀는 하나님이 창조하신 모든 것들을 사랑했다.

"캐스린! 한 가지 더요."

나는 전화를 끊고 싶지 않았다.

"뭔데요?"

"하나님께서 언제나 기도에 응답하신다고 믿으세요?"

"그럼요. 이사야 32장 17절을 보세요."

전화기를 내려놓은 후에 나는 이사야서를 찾아 읽었다. 나는 캐스린이 말한 구절을 프린트하여 내 방의 벽에 걸어놓았다. 그 이후로 지금까지 이 구절이 내 방의 벽에 걸려 있다.

> "공의의 열매는 화평이요 공의의 결과는 영원한 평안과 안전이라."

4장

사랑받는 제자, 사랑스러운 아내

"여호와의 말씀이니라 너희를 향한 나의 생각을 내가 아나니 평안이요 재앙이 아니니라 너희에게 미래와 희망을 주는 것이니라 너희가 내게 부르짖으며 내게 와서 기도하면 내가 너희들의 기도를 들을 것이요 너희가 온 마음으로 나를 구하면 나를 찾을 것이요 나를 만나리라"렘 29:11-13.

1908년 거트루드 홉스는 바다를 건너 영국에서 미국으로 항해했다. 그곳에 있는 친구 매리안을 만날 뿐 아니라 직장을 알아보기 위함이었다. 딸을 사랑하는 어머니는 오스왈드도 미국에 방문한다는 것을 알고 자기 딸 거트루드를 돌봐줄 것을 부탁했다. 이때 거트루드는 하나님만 의지하고 오스왈드를 따라나섰다. 오스왈드는 설교하고 가르치기 위해 미국으로 가고 있었다. 하나님이 허락하시는 곳이면 어디든지 말씀을 증거할 준비가 되어 있었다.

미국으로 향하는 배의 갑판에서 거트루드는 매우 기뻤다. 얼마나 엄청난 기회인가! 그녀는 지평선을 바라보았다. 한동안 바다만 보이고 땅을 보지 못할 것이다. 그러나 바다를 사랑하는 그녀는 아무런 걱정을 하지 않았다. 갑판에서 바다를 바라보면서 하나님을 의지하는 마음으로 두 다리를 든든히 세웠다.

새로운 나라로 항해하는 것과 새로운 직장에 대한 기대감은 거트루드를 들뜨게 했다. 또한 자신이 흠모하던 남자와 같은 배 안에 함께 있다는 사실도 가슴 설레는 일이었다. 그러나 그녀는 날마다 하나님을 철저하게 의지하며 미래를 향했기에, 기다리는 마음으로 오스왈드 챔버스를 향한 감정은 마음속에만 간직했다.

그 다음날 그녀는 평소처럼 일찍 일어났다. 재빨리 옷을 차려 입고 해돋이를 보기 위해 급하게 갑판으로 나아갔다. 자연을 특별하게 사랑하는 그녀는 새벽의 해돋이, 오후의 해가 지는 장면, 특히 비 온 후의 하늘을 놓치지 않고 보았다. 무지개는 언제나 노아에게 하신 하나님의 약속을 기억나게 했다.

> "무지개가 구름 사이에 있으리니 내가 보고 나 하나님과 모든 육체를 가진 땅의 모든 생물 사이의 영원한 언약을 기억하리라"창 9:16.

달과 해와 별들, 심지어 구름까지도 그녀의 마음을 하나님께로 향하게 했다. 그녀는 하나님의 위대하심 앞에서 입을 벌리고 서 있었다. 거트루드는 하나님께서 창조하신 그 방대한 바다를 내다보면서 하나님의 능력에 경탄할 수밖에 없었다. 그분이 자신을 사랑하신다는 것을 느끼면서 그녀는 너무나 행복해했다. 해와 별들을 창조하신 그분께서 그녀의 삶을 기쁨으로 충만하게 하실 것을 믿으며 기뻐했다.

갑판에 서서 이런저런 생각을 하던 중, 친구 매리안이 미국으로 떠나기 전에 그녀와 함께 무지개를 바라보던 순간이 기억났다.

“저 무지개는 하나님께서 나와 함께하시겠다는 약속의 표시 같아.”

매리안은 땅 위에 아치형으로 솟아오른 놀라운 색깔의 화려한 무지개를 보며 부드럽게 속삭였다.

“그렇지. 우리가 어디로 가든 하나님의 약속은 우리 모두와 함께하실 거야.”

거트루드는 매리안을 안아주면서 대답했다.

“너무 보고 싶을 거야, 매리안.”

친구 매리안과 헤어지던 순간을 떠올리던 중 갑작스러운 목소리가 들렸다.

“홉스 양!”

“오!”

거트루드는 웃음을 터뜨렸다.

“챔버스 씨, 저를 놀래키셨어요.”

깊은 사색에 잠겨 있던 거트루드는 오스왈드가 갑판 위로 자기에게 걸어오는 발소리를 듣지 못했던 것이다.

"함께해도 되나요?"

오스왈드도 해돋이를 좋아했던 것 같다.

"그럼요. 당연하지요."

그녀는 기쁜 듯이 대답했다.

"저는 하늘을 가로지르는 새벽 햇살의 아름다움을 너무 좋아한답니다."

거트루드의 대답이 좋았던지 오스왈드는 자기도 자연을 사랑한다고 하면서 말을 끄집어내기 시작했다. 더눈에서의 공부, 거룩운동의 사역을 위해 여행을 하게 된 점 등을 말했다. 그러더니 너무나 중요한 자신의 신앙을 거트루드와 나누기 시작했다.

오스왈드는 마이어 목사님의 설교를 들어왔다고 말하면서 "그분은 거룩하신 분이요 하나님의 은사를 받은 분"이라고 높이 평가했다. 그 후 오스왈드는 더눈에서의 자신의 체험을 이야기하기 시작했다.

"내 속에서 순식간에 발생한 일이지요. 그전까지 나는 내 손에 어떤 능력을 붙들 수 있기를 원했답니다. 그러나 그 사건은 나로 하여금 나의 모든 것을 제단 앞에 내려놓게 하는 순간이었지요."

오스왈드는 계속 말을 이었다.

"하나님께서 우리를 위해 어떤 일을 하셨는지를 알면 죄의 권능이 사라진답니다. 그리고 우리 안에 내재하시는 그리스도로부터 말로 표현할 수 없는 참된 자유함이 흘러넘치게 되지요."

거트루드는 조용히 서서 그의 모든 말을 마음속 깊이 다 새기고 있었다.

"참, 아세요?"

오스왈드가 갑자기 말을 바꾸었다.

"저도 거트루드라는 이름의 누이가 있어요."

"그래요?"

그녀는 관심 있는 표정으로 대답했다.

"제 이름하고 똑같네요."

"홉스 양! 편하게 이름을 불러도 되나요?

"거티라고 부르려고 하시는 거지요?"

그녀는 싱긋 웃었다.

"아니요."

오스왈드가 즉시 대답했다.

"그러면 뭐라고 부르시려구요?"

"사랑스러운 제자요" Beloved Disciple.

거트루드는 가슴이 뛰는 것을 느끼며 따스한 미소를 띄고 대답했다.

"물론이지요. 대신 저는 당신을 오스왈드라고 부르도록 할게요."

"그럼, 동의한 것입니다. 사랑스러운 제자님."

오스왈드는 한 번 더 확인했다.

이렇게 하여 오스왈드 챔버스에게 거트루드 홉스는 '사랑스러운 제자'가 된 것이다. 그 후 더 빨리 발음하기 위해 '비디' B. D. 라고 부르게 되었다.

"해가 이제 높아졌어요."

오스왈드가 말을 건넸다.

"그러네요. 저도 이제 할 일이 있어요. 저 먼저 가볼게요."

그녀가 대답했다. 비디는 방금 전에 발생한 일을 받아들여야 할 시간이 필요했다.

'사랑스러운' 이라는 말이 '나의 사랑하는' 이라는 뜻인가? 오스왈드가 그녀에게 의미 있는 말을 건넨 것일까? 그녀는 일단 생각을 접었다. 아침 준비를 위해 자기 숙소로 가면서 비디는 조용히 혼잣말을 했다.

'하나님이 아시겠지.'

비디는 하나님을 신뢰하는 가운데 모든 것을 초월하는 평강을 체험했다. 항해 여행이 끝날 즈음에 비디에게는 새로운 삶이 시작되었다. 오스왈드가 설교하러 다니면서 미국 오하이오 신시내티의 성경 학교에서 편지를 보냈고 뉴욕 주 매인Maine에 있을 때에도 편지를 보내온 것이었다. 그 편지 내용에는 오스왈드가 비디를 사랑하는 마음이 뚜렷이 드러났다.

후에 오스왈드는 바다를 건너 다시 돌아왔고 그녀는 먼 뉴욕 땅에 남게 되었다. 비디는 미국 뉴욕에서 직장 생활을 했다. 한편 영국으로 다시 돌아온 오스왈드는 기도연맹과 함께 사역을 계속했다.

비디는 오스왈드가 앞으로의 길을 인도해나갈 것을 간절히 기다렸다. 그녀는 오스왈드와 자신이 헤어져 있는 이유를 알 수 없었다.

'우리를 향한 하나님의 계획은 선한 것일까?'

하지만 비디는 계속 하나님을 의지했다. 한편 오스왈드는 그 누구보다 비디를 사랑했기 때문에 아무리 멀리 떨어져 있어도 그가 할 수 있는 모든 사랑의 표현들을 다 전달했다.

시간이 지나면서 나뭇잎은 초록색에서 붉은 색으로, 그리고 노란색으로 바뀌었다. 어느 날 오스왈드는 비디의 어머니인 홉스 여사에게 편지를 썼다. 편지의 내용은 자신이 그녀의 딸을 사랑한다는 고백이었다. 1908년, 거트루드가 오스왈드와 함께 항해하던 때 그녀는 24살 정도였다. 그해 10월, 오스왈드는 자신의 부모님과 거트루드의 어머니에게 결혼 의사를 밝히는 통지를 보냈다. 비디는 마음속으로 이미 알고 있었다.

물론 오스왈드를 알고 있는 가족들과 주변 사람들은 경제적인 문제를 염려했다. 오스왈드의 삶의 목표가 부자가 되는 것이었는가? 그렇지 않았다. 오스왈드는 하나님의 풍성하심을 믿었으며 하늘에 보화를 쌓기를 소원했다. 그에게는 안정된 수입이 없었다. 또한 그는 마지막 동전까지 가난한 자에게 나누어주는 습관이 있었다. 어떻게 순회 설교자가 아내를 돌볼 수 있다는 말인가?

오스왈드는 하나님이 자신의 사정을 알고 계시다는 것을 믿었으며 비디는 하나님과 오스왈드를 알고 있었다. 그러한 믿음 가운데 그들은 하나님께서 그들을 위해 예비하신 미래를 향해 힘차게 나아갈 수 있었다.

1908년 11월, 비디는 미국에서 영국으로 돌아왔다. 오스왈드는 비디에게 청혼을 하고 그 답을 기다리고 있었다. 그녀는 청혼을 받아들였다. 2년 안에 결혼하겠다는 약조의 약혼을 했다. 오스왈드의 '사랑하는 제자' 비디는 이제 공식적으로 오스왈드의 연인이 되었다.

오스왈드는 기도연맹을 위해 여러 곳을 여행했다. 비디는 한동안 그를 보지 못할 정도였다. 그러나 종종 편지를 주고받았다. 그녀는 오스왈드를 사랑했다. 또한 예수 그리스도를 사랑했다. 그러므로 인내를 가지고 오스왈드가 돌아올 날을 기다리며 하나님께서 그들의 삶을 하나 되게 하실 것을 믿는 가운데 평안을 누릴 수 있었다.

비디는 온 마음을 다해 기도연맹과 함께하는 오스왈드의 사역을 지지했다. 그녀는 자신에게 주어진 하나님의 소명을 받아들이고 그 소명을 영광스럽게 생각했다.

"누가 현숙한 여인을 찾아 얻겠느냐 그의 값은 진주보다 더하니라 그런 자의 남편의 마음은 그를 믿나니 산업이 핍절하지 아니하겠으며 그런 자는 살아 있는 동안에 그의 남편에게 선을 행하고 악을 행하지 아니하느니라"잠 31:10-12.

오스왈드는 장래에 아내가 될 비디를 믿었다. 오직 하나님만이 이들의 사랑과 믿음이 먼 훗날에 어떤 역사를 이루게 될지를 알고 계셨다.

비디는 이 세상에 있었지만 성경의 가르침을 따라 살아감으로 이 세상에 속하지 않았다. 조용히 자신의 매일의 의무를 감당하다 보니 그녀의 선한 행위들이 서서히 많은 사람들에게 알려지기 시작했다. 그녀는 불평하지 않았다. 대신 그녀는 자신을 통해 예수 그리스도가 빛을 발하실 수 있도록 믿음의 선한 싸움을 싸웠다.

그녀는 이 땅에서 걷고 있었지만, 그녀의 마음은 하늘에 고정되어 있었다. 그녀는 바울이 서술한 것처럼 예수 그리스도의 빛 가운데서 꾸준하게 나아갔다.

"이러므로 우리도 항상 너희를 위하여 기도함은 우리 하나님이 너희를 그 부르심에 합당한 자로 여기시고 모든 선을 기뻐함과 믿음의 역사를 능력으로 이루게 하시고 우리 하나님과 주 예수 그리스도의 은혜대로 우리 주 예수의 이름이 너희 가운데서 영광을 받으시고 너희도 그 안에서 영광을 받게 하려 함이라"살후 1:11-12.

비디는 예수 그리스도를 신뢰하고 모든 것을 주께 맡긴 가운데 성령께서 그녀의 발걸음을 한 걸음씩 인도하시기를 기다렸다. 그녀는 성경 말씀을 그대로 믿었다.

"너는 마음을 다하여 여호와를 신뢰하고 네 명철을 의지하지 말라"잠 3:5.

1909년, 거트루드 홉스는 오스왈드 챔버스와의 결혼을 계획하고 있었는데, 당시 여성들은 매우 불안정한 상황이었고, 특히 영국은 더 심했다.

19세기 중엽에 여성 선거권 운동이 시작되면서 여성들은 자신들의 선거권 및 공평한 교육의 기회를 주창했다. 그러나 당시의 여성들이 다 똑같은 견해를 가지고 있던 것은 아니었다. 이러한 때 하나님의 자녀들은 어떻게 행동해야 하는가? 모든 사람들의 의견이 분분했다.

처음에 여성 운동은 평화로웠다. 의회에 편지를 쓰고 법적으로 탄원서를 냈다. 그러나 이러한 시도는 아무런 효과가 없었다. 기다리다 지친 여성 운동가들은 여성 사회 정치 연합의 회장이었던 엠믈린 팍허스트Emmeline Parkhurst를 중심으로 강력한 대응을 하기로 결정했다. 여성들은 이 결정에 따라 사회의 관심을 얻기 위해 공공 기관의 창문을 깨뜨리고 방화를 하고 폭탄을 투하했다.

여성권자들은 거리를 행진했으며 벽마다 시위 구호들을 썼다. 많은 사람들이 감옥에 들어갔고 그곳에서도 단식 투쟁을 했다. 18개월쯤 지나면서 엠믈린 팍허스트는 10번의 단식 투쟁을 했으며 결과적으로 병원에 실려가서 링거를 맞았다. 참으로 무섭고 고통스러운 시련의 기간이었다.

엠믈린 팍허스트가 세계적으로 알려지고 유명한 저자가 되고 있는 그때, 거트루드 홉스는 조용하게 자신의 매일의 의무를 수행하고 있었다. 하나님 외에 그녀가 누구인지 아는 사람이 있었을까? 하나님은 아셨다. 그것이면 충분했다. 왜냐하면 하나님은 그녀를 향한 계획이 있었기 때문이었다. 좋은 계획이 있으셨던 것이다. 한편 비디는 하나님을 기다리며 그분을 섬겼다. 투쟁이 아닌 평화가 그녀의 삶에 임했다.

1910년 5월 25일 오스왈드와 비디의 결혼식. 가족들과 함께.

1910년 5월 25일, 거

트루드 홉스는 오스왈드 챔버스와 엘담 파크 교회에서 결혼식을 올렸다. 그 후 이들은 미국으로 신혼여행을 떠났다. 그들은 거기서 부흥 집회에 참여했다. 그들은 여러 신자들과 함께하면서 "하나님의 택함을 받은 자들"이라고 불리게 되었다. 사람들은 챔버스 부부에게 음식을 제공하고 쉴 장소를 마련해주는 것을 특권으로 여길 정도였다. 한편 챔버스 부부는 영혼을 만족시킬 수 있는 성경의 깊은 영적 음료와 음식을 그들에게 제공했다.

비디는 자상하고 은사가 많은 여성으로 알려졌다. 그녀는 보아스의 아내인 룻과 같은 자질들을 드러냈다.

"네가 현숙한 여자인 줄을 나의 성읍 백성이 다 아느니라"룻 3:11.

삼언 31장의 현숙한 여인처럼, 그리고 룻처럼 비디는 그녀의 남편에게 귀한 소유였다.

기도연맹의 회원들은 영국에 영적 훈련을 위한 장소를 마련하기를 원했다. 그들은 오스왈드가 뛰어난 교장으로서의 자격을 갖추었으며, 비디는 학생들에게 많은 영향을 미칠 것이라고 확신했다.

1910년 12월 초, 런던 클래펌 커먼Clapham Common 남부에 매우 큰 건물이 나왔다. 일들이 신속하게 진행되더니 아주 짧은 시간 내에 오스왈드와 비디는 그 건물에 들어가게 되었고 첫 번째 거주 학생들을 받을 준비가 되었다.

1911년, 그 장소는 성경훈련대학으로 알려지게 되었다. 그 건물은 대학의 설립 목적에 잘 부합되었다. 두 개의 큰 방은 강의실로 전혀 문제가 없었고, 그 건물은 25명 정도의 학생들을 수용할 수 있었다. 챔버스가 교장이었고 챔버스 부인은 총관리자가 되었다. 기금이 부족할 때는 예산에 맞게 수업을 열었다.

오스왈드는 종종 비디에게 "내 뜻대로 되는 것은 없소. 하나님께서 인도하시니 두렵지가 않소. 먼 계획을 세우지 않고 오직 매일 하나님을 신뢰할 뿐이오"라고 말하곤 했다. 이 부부가 사는 방식은 믿음과 기도였다. 그들은 "믿음으로 행하고 보는 것으로 행하지 아니했다"고후 5:7.

한 사람씩 열심을 가지고 배우려는 학생들이 나타났다. 학생들은 함께 살면서 음식을 나누었고 매일의 과업들과 우정을 나누었다. 비디 챔버스 또한 오순절 기도연맹 모임의 정규적인 연사였다. 오순절 기도연맹은 초교파적 영국 웨슬리 거룩운동의 한 부서였다. 침례 교인이던 오스왈드 챔버스는 리더 해리스와 절친한 친구가 되었다. 해리스 부인과 딸은 기도연맹에서 매우 중요한 역할을 담당했다.

비디는 오스왈드의 강의를 신속하게 기록함으로써 속기사로 훈련받은 것을 십분 활용했다. 그녀는 당시 자신의 재능으로 수백만의 사람들에게 읽히게 될 그러한 글들을 기록하고 있었다는 것을 알고 있었을까?

비디는 사랑받는 제자였으며 충성되고 사랑스러운 아내였다. 그녀의 목표는 오스왈드가 설교하는 동안 그의 메시지를 받아적고 그 기록을 통해 세상이 예수 그리스도께로 돌아오게 하는 것이었다.

오스왈드는 '거룩'이란 하나님으로부터 오는 선물임을 가르쳤다.

“하나님은 우리를 거룩하게 만드십니다. 그분은 우리를 성화시키십니다. 주님께서 이 모든 것을 친히 하십니다. 우리가 해야 할 일은 자신에 대한 권리를 내려놓는 것입니다.”

그의 가르침은 로마서 12장 1-2절에 근거했다.

“그러므로 형제들아 내가 하나님의 모든 자비하심으로 너희를 권하노니 너희 몸을 하나님이 기뻐하시는 거룩한 산 제물로 드리라 이는 너희가 드릴 영적 예배니라 너희는 이 세대를 본받지 말고 오직 마음을 새롭게 함으로 변화를 받아 하나님의 선하시고 기뻐하시고 온전하신 뜻이 무엇인지 분별하도록 하라.”

오스왈드는 계속 증거했다.

“성경의 가르침은 ‘행하라 행하라’가 아닙니다. 주님과 함께하라는 것입니다. 주님과 함께하면 주님께서 우리를 통해 일하시겠다는 것입니다.”

오스왈드는 언제나 자신을 내려놓고 하나님을 절대적으로 신뢰하라고 강조했다. 오스왈드와 비디는 오스왈드가 외친 그대로 실천했다. 그들은 함께 하나님의 뜻을 구했으며 하나님께서는 그들을 주의 목적을 위해 사용하셨다.

새벽이 되면 성경대학의 학생들은 오스왈드의 피아노 소리에 잠을 깼다. 그리고 함께 찬송을 부르면서 하루를 시작했다.

아침이 하늘을 가르면
나의 마음은 깨어나 외치리.
예수 그리스도께 찬양하라.
기도할 때나 일할 때나
나는 예수님만을 위하네.
예수 그리스도께 찬양하라.

밤이 낮이 되리니,
우리 마음속 깊은 곳으로부터
예수 그리스도께 찬양하라.

어둠의 세력들은
기쁨의 찬송을 듣고 두려워한다.
예수 그리스도께 찬양하라.

너, 인류의 나라들아
다 함께 주를 찾으라.

예수 그리스도께 찬양하라.
이 땅은 기쁨의 노래로 가득 차리니
예수 그리스도께 찬양하라.
생명 있는 동안에,
거룩한 찬송을 부르라.
예수 그리스도께 찬양하라.

영원한 이 노래를 부르세.
온 세대를 통해
예수 그리스도께 찬양하라.

음식을 준비하며 찬양하는 동안에 몸과 영혼에 영양분을 주게 될 소시지와 달걀 요리 냄새가 공기를 진동했다. 비디는 훌륭한 아내로서 음식도 잘했다. 그녀의 음식 솜씨는 잠언 31장 15절을 기억나게 했다.

"밤이 새기 전에 일어나서 자기 집안 사람들에게 음식을 나누어 주며."

챔버스 부인이 첫째 아기를 갖게 되었을 때 그녀는 매우 조심스러웠다. 그 당시 1913년에는 유아 돌연사가 잦았기 때문이었다. 1913년 5월 24일, 어려운 분만 과정을 통해 오스왈드와 비디의 딸이 성경대학에서 태어났다. 그들은 새로 태어난 아기에게 캐스린이라는 이름을 지어주었다. 이 이름은 "순수함, 최고로 뛰어님, 가장 아름다움" 이라는 뜻의 헬라어에서 온 것이다. 캐스린은 그들에게 "하나님으로부터 온 아름다운 작은 꽃"이 되었다. 오스왈드와 비디 챔버스에게 주신 하나님의 선물이었다.

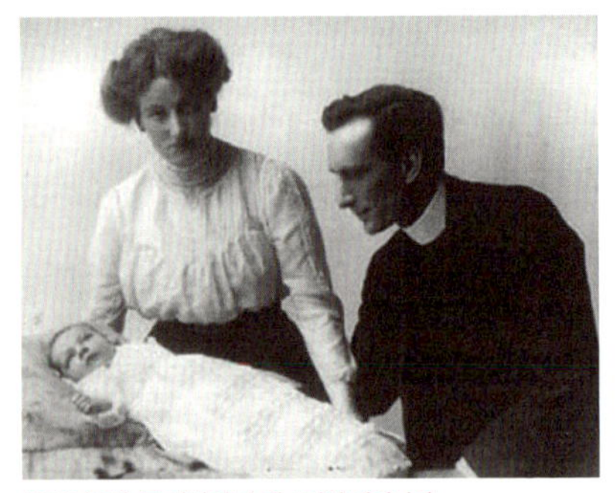

1913년 5월, 두 사람의 딸 캐스린이 태어났다.

1900년 초에는 불결한 환경이 유아 돌연사의 가장 주된 원인이었다. 그러나 훌륭한 어머니였던 챔버스 부인은 캐스린을 돌보는 데 최선을 다했으며 청결과 영양 보충에 많은 신경을 썼다. 비디의 정성어린 보살핌으로 인해 갓난아기 캐스린은 다행스럽게도 그 당시 성행하던 유아 돌연사를 피할 수 있었다.

비디 챔버스는 총명하고 조심스러운 어머니였다. 그녀는 언제나 준비성이 철저했고 그 점에 대해 그녀의 남편은 그녀를 칭찬했다. 학생들은 갓난아기 캐스린을 매우 사랑했다. 오스왈드는 어디를 갈 때면 캐스린을 꼭 데리고 다녔다. 그녀의 출생은 성경대학의 분위기를 완벽하게 만들었다.

1차 세계대전이 터지던 1914년에 캐스린은 간신히 걷는 어린아이였다. 하나님께서는 이후 캐스린을 어떻게 인도하셨을까?

❀ ❀ ❀

탐구여정 5

❀ ❀ ❀

하나됨은 하나님의 섭리

"하나님이 그들의 반석이시며 지존하신 하나님이 그들의 구속자이심을 기억했도다" 시 78:35.

"안녕하세요, 캐스린! 또 저예요."

나는 캐스린이 말하기를 기다렸다.

"알지요."

그녀가 소리내어 웃었다.

"당신 어머니에 대해 알아갈수록 더욱 기대감이 커져요. 당신 어머니의 삶이 예수 그리스도와 더 가까운 교제를 원하는 오늘날의 여성들에게 엄청난 롤모델이 되리라고 믿어져요."

나는 잠깐 말을 끊었다.

"영국에서도 '엄청난' terrific이라는 용어를 쓰나요?"

"그럼요."

캐스린의 착한 마음이 느껴졌다.

"그래요. 좋아요. 당신 어머니에 대해 몇 가지 질문을 더 드리지요. 괜찮겠어요?"

"그래요."

"고맙습니다. 어머니 옷차림이 어떠했으며 헤어 스타일은 어떠했는지, 그런 것들을 알고 싶어요."

"어머니의 스타일은 매우 깔끔했지요."

"깔끔하다구요? 어떤 모습을 의미하는 것이지요?"

캐스린은 담담하게 계속 말을 이었다.

"글쎄요. 어떤 사람들은 어머니의 모습을 '얌전하다' 하기도 하고 '엄격하다'고 보기도 해요. 현대인들의 기준으로 그 당시의 제 어머니를 본다면 격식이 있다고 보겠지요. 복장은 긴 치마를 입었고 목의 칼라가 높았지요. 보통 여성들처럼 머리는 위로 올렸답니다. 어머니는 옷을 잘 차려 입기를 좋아하셨는데 멋진 옷을 구할 여력은 없었어요. 경제적으로 여유가 되지 않은 것이지요. 어머니는 미국 여성들이 신은 신발을 보면서 멋지다는 말씀을 종종 하셨어요."

나는 가능한 한 신속하게 모든 것을 받아적었다. 중간에 "당신 어머니처럼 속기를 할 수 있으면 좋겠다는 생각이 드네요"라는 말로 끼어들었다. 캐스린은 계속 말을 이었다.

"어머니는 바다를 좋아해서 새벽 5시에 어부와 첫 낚시를 위해 바다로 나가곤 했어요."

"잠언의 현숙한 여인하고 똑같네요!"

"어머니는 멀미를 하신 적이 없답니다. 아, 딱 한 번 있었어요. 아일랜드에서 휴가를 보내고 집에 돌아올 때 멀미를 하셨어요. 영국 운하는 거친 물살로 유명하답니다. 그때 멀미를 하신 이후 다시는 멀미를 한 적이 없으시지요."

캐스린은 내게 매우 구체적인 정보를 주고 있었다. 그래서 더 이상 말을 끊지 않고 다 들은 후에 나중에 정리하기로 했다. 그래서 계속 기록만 했다.

"한 가지가 기억납니다. 어머니는 언제나 '하나님의 뜻은 항상 이루어진다'고 말씀하셨어요. 아버지도 그렇게 말씀하셨구요. 그 믿음이 아마도 어머니로 하여금 믿음의 삶을 살게 하신 것 같아요. 전능하신 하나님을 믿은 것이지요. 저도 그렇구요. 부모님은 보는 면에서 하나님을 신뢰했답니다. 그분들께 돈, 성공, 자기 계발 등은 중요하지 않았어요. 예수 그리스도께 헌신하는 것이 가장 중요한 것이고 그것만이 그분들의 모든 것이었답니다."

"캐스린, 제가 좀 더 빨리 받아쓸 수 있다면 얼마나 좋을까요! 혹시 지금 말씀하시는 것들을 녹음해주실 수 있나요?"

"어떻게 해보지요."

그녀가 대답했다. 이제 곧 통화를 마쳐야 하는 시간이 되었다.

"캐스린, 편지 보내실 때 녹음도 보내실 거지요?"

"그래요, 내 친구분! 곧 편지를 보내지요. 그리고 녹음도 해서 보내드리겠습니다."

전화를 끊은 후에 여러 생각을 했다. 캐스린은 시간적 순서에 따라 상황을 기억하지 못했다. 대신에 중요한 것부터 차례로 생각해냈다. 그러나 그녀는 과거의 사건들을 생생하게 살려놓았다. 나는 어떻게 해서라도 그녀가 제공한 모든 정보들을 적절한 순서로 나열해야 했기에 고민을 했다.

무엇보다 나는 캐스린과의 진지한 우정을 감사했다. 그녀는 예수 그리스도의 능력 가운데 살고 있었다. 나에게뿐만 아니라 그녀가 만나왔던 모든 사람들에게 그녀가 행한 모든 일들을 보면 이 사실을 증명했다. 그녀는 믿음이 삶의 열쇠임을 다시금 내게 확신시켰다. 우리 자신들에 대한 믿음이 아니라 전능하신 하나님을 향한 믿음 말이다. 그 믿음은 예수 그리스도께서 하나님이 누구신지에 대해 말씀하신 것을 믿어야 생긴다.

그녀는 내게 어떤 사람이 그녀의 아버지에게 던진 어떤 질문의 사건을 이야기 해주었다. 그 사람은 아버지에게 예수님에 대한 이야기가 사실이냐고 물었다고 한다. 그때 아버지는 "그렇다"고 대답했다. 그러자 그 사람은 "나는 믿을 수 없다"고 대답했다고 한다. 이때 오스왈드가 "당신이 믿지 않는다고 해도 그 사실이 사실이 되지 않는 것은 아니다"라고 대답했다고 한다. 캐스린은 언제나 자기의 어머니와 아버지가 오직 하나님을 믿는 믿음으로 살았다고 증언했다.

한번은 어떤 사람이 내게 '믿음' faith이라는 헬라어는 '확신' conviction, '신뢰' confidence, '맡김' trust, '신앙' belief으로 번역될 수 있다고 알려주었다. 성경은 믿음을 '보호의 방패' 라고 말한다.

"모든 것 위에 믿음의 방패를 가지고 이로써 능히 악한 자의 모든 불화살을 소멸하고" 엡 6:16.

나는 '거룩운동' 이 신자들로 하여금 믿음으로 살도록 격려하는 것을 알았다. 그 당시의 글들은 그 시대를 보여주면서 동시에 놀라운 하나님의 영광을 반사하고 있었다. 앤드류 머레이, 리더 해리스, 오스왈드 챔버스, 비디 챔버스, 그 외 여러 위대한 믿음의 영웅들을 캐스린은 자신의 세대로 이끌고 들어왔다. 나는 감히 믿는다. 우리도 하나님의 도우심으로 하나님의 보좌로부터 친히 내려오는 생수의 강을 영원히 흐르게 할 수 있다고.

오늘날 기독교 여성들은 사회 불안, 영적 혼돈, 세계적인 난리의 어두움 가운데 있는 이 시대 속에서 밝은 빛들이 될 수 있는 위대한 기회를 가지고 있다. 우리의 가정이나 일터에서, 심지어 길을 걸으면서도 우리가 예수 그리스도의 능력을 믿는다면 하나님의 사랑을 이웃들에게 나눌 수 있다. 주께서 친히 자신에 대해 말씀하신 모든 것이 사실이 아니던가? 주님은 여전히 지금도 살아계시다. 우리가 믿음 안에서 행하며 우리의 삶을 살 때 이 진리가 드러난다. 나는 이 구절이 생각났다.

"내가 주 여호와의 능하신 행적을 가지고 오겠사오며 주의 공의만 전하겠나이다" 시 71:16.

나의 마음속 깊은 곳에서 캐스린 챔버스는 전능하신 하나님께 자신을 철저하게 내어드리는 신비함을 보여주고 있다는 것을 느꼈다. 그녀는 우리가 믿음을 가질 뿐만 아니라 그 믿음대로 신실해야 한다고 말했다. 그녀는 여러 번 어머니와 아버지 사이의 깊은 사랑을 말했고, 특히 두 분 모두 하나님께 그들의 삶을 전적으로 내어놓았음을 강조했다.

나는 한 가지 궁금한 것이 있었다.

'캐스린의 외할머니는 거트루드가 미국으로 항해를 하게 되었을 때 그녀를 오스왈드에게 부탁함으로 중매를 한 것은 아닌가?'

그렇기도 하고 아니기도 하다. 사실 외할머니는 부탁을 한 것이지만 그 배후에는 오스왈드와 거트루드를 하나 되게 하시는 하나님의 섭리가 있었기 때문이다. 외할머니는 단지 주님의 섭리의 도구였을 뿐이다. 성경은 우리에게 좋은 남자에게 좋은 여자를 주시는 것은 하나님의 선물이라고 말한다.

> "집과 재물은 조상에게서 상속하거니와 슬기로운 아내는 여호와께로서 말미암느니라"잠 19:14.

오스왈드는 좋은 남자였을 뿐만 아니라 하나님의 사람이었다. 한번은 그가 더눈 훈련대학에서 공부할 때, 아버지에게 편지를 쓴 적이 있다. 그 내용은 이러하다.

"제 인생이 이 세상의 구세주이신 주님의 상처 난 손과 발이 되기를 원합니다."

하나님은 오스왈드를 기뻐하셨다. 그래서 귀한 선물을 마련하셨다. 바로 거트루드 홉스였다. 비디도 마찬가지로 주님을 향해 같은 마음과 사랑을 가지고 있었다. 성경은 "어진 여인은 그

지아비의 면류관이나 욕을 끼치는 여인은 그 지아비의 뼈가 썩음 같게 하느니라"라고 한다잠 12:4. 그러므로 하나님께서 비디와 오스왈드를 함께하게 하신 것이다.

오스왈드 챔버스가 거트루드 홉스를 처음 만났을 때, 그녀는 여성미가 넘치고 건강하고 밝고 성격이 좋은 처녀였다. 거트루드는 주말이면 가족들과 함께 자전거를 타고 야외로 나가곤 했는데, 그럴 때면 저녁까지 먹고 오랜 산책을 했다. 물론 오스왈드가 홉스의 집으로 저녁 초청을 받아서 함께하곤 했다. 거트루드는 테니스를 좋아했으며 언제든지 치고 싶을 때 칠 수 있도록 테니스 클럽에 가입했다.

거트루드에게 음악은 언제나 가까웠다. 겨울에는 주로 고전음악회를 많이 갔다. 그녀는 피아노를 치며 시간을 보냈고 가족들과 함께 가족 음악회를 열고 즐거워하곤 했다.

거트루드가 오스왈드 챔버스의 아내로서 적당하지 않은 면이 있는가? 그들의 결혼과 삶은 흔들리지 않는 단단한 반석이신 예수 그리스도 위에 놓여 있었다. 그들은 모든 면에서 하나님을 의지했기 때문에 실패할 수 없었다.

"아내를 얻는 자는 복을 얻고 여호와께 은총을 받는 자니라"잠 18:22.

캐스린은 언제나 "하나님은 약속을 지키십니다. 우리가 어떠하든 상관없이 언제나 길을 마련해 주시지요"라고 말했다. 나는 "모든 우연한 일들 가운데 하나님의 섭리가 있구나"라고 내 노트에 썼다.

그때 이 세상의 모든 것이 (나를 포함하여) 그리스도의 주권하에 있음을 깨달았다. 그분 없이는 아무것도 할 수 없다는 사실을 알았다. 알고 보니 이러한 생각을 사람들은 벌레 신학worm theology이라고 부르는 것이었다. 그 의미와 이유를 더 자세히 알고 싶었다.

나는 수화기를 들어 내가 섬기는 교회 사모님께 전화했다.

"사모님! 벌레 신학이 무슨 뜻이에요?"

그녀가 대답했다.

"확실하게는 모르겠는데, 겸손을 말하는 것 같아요. 나 자신을 벌레로 부른 적은 없지만, 어렸을 적에 찬송을 부를 때 사람들이 자신들을 벌레라고 불렀던 것 같아요."

"어떻게 벌레가 '예수님은 우리가 서 있는 반석'이라는 의미와 연결되지요?"

"잘 모르겠네요."

사모님과 나는 약 한 시간가량 벌레가 된다는 것이 무엇인지에 대해 대화를 나누었다. 사모님은 찬송을 찾아 가사를 읽어주었다. 아이작 와츠1674-1748의 찬송 "오호라, 나의 주께서 피를 흘리셨다"였다.

나는 하나님께서 들의 백합화뿐만 아니라 벌레도 사랑하신다는 사실을 깨달았다. 대화를 나눈 후에 나는 어제나 오늘이나 우리의 반석 되시는 예수님을 다시 생각했다. 오스왈드와 비디와 캐스린은 예수님이 반석이라고 믿었다. 즉, 오직 예수 그리스도의 반석 위에 있어야만 영원히 무너지지 않고 존재할 수 있다고 믿은 것이다. 그들은 그러한 믿음으로 살았다.

예수님께서 말씀하셨다.

> "그러므로 누구든지 나의 이 말을 듣고 행하는 자는 그 집을 반석 위에 지은 지혜로운 사람 같으리니 비가 내리고 창수가 나고 바람이 불어 그 집에 부딪치되 무너지지 아니하나니 이는 주추를 반석 위에 놓은 까닭이요 나의 이 말을 듣고 행하지 아니하는 자는 그 집을 모래 위에 지은 어리석은 사람 같으리니 비가 내리고 창수가 나고 바람이 불어 그 집에 부딪치매 무너져 그 무너짐이 심하니라"
>
> 마 7:24-27.

캐스린과 대화를 나눌 때마다 나는 우리의 구원의 반석이신 예수님께로 들어올려지는 것을 느꼈다. 캐스린의 거룩함은 그녀가 행하는 모든 것에서 빛을 발했다. 즐거움과 유머를 통해서도 그녀의 거룩함이 배어나왔다. 그녀는 나에게 아버지 오스왈드가 종종 잘 웃으시고 농담을 잘하셔서 목사님처럼 느껴지지 않을 때가 많았다고 고백했다.

캐스린은 나에게 거룩과 유머는 언제나 병행한다고 말해주었다. 바로 그 이유 때문에 캐스린이 나에게 어머니의 이야기를 써달라고 부탁한 것이다. 그녀가 볼 때 내 책을 여러 권 읽어보니 재치와 유머가 많았다는 것이다. 이때가 내게는 내가 저자가 된 것을 잘했다고 느낄 수 있는 순간이었다. 나에 대한 그녀의 평 속에는 여전히 챔버스 가문 가운데 스며 있는 사랑이 숨겨 있었다.

“힘들더라도 잘 참구요, 계속 제 어머니의 책을 써내려가세요. 내 친구분!”

캐스린은 두 번에 걸친 세계대전을 겪으며 전쟁, 폭격, 가난, 소란을 모두 경험했다. 그러나 그녀는 어머니의 본을 따라 믿음을 지켰다. 캐스린이 네 살 되던 해에 아버지가 돌아가셨다. 그러나 그녀는 아버지의 가르침을 잊지 않았다. 먼저 비디 챔버스가 믿음을 지켰고 예수 그리스도께 신실했다. 캐스린은 어린 소녀였지만 어머니의 믿음과 삶을 보면서 그것을 배웠고, 그 믿음을 결코 잊지 않았던 것이다. 심지어 부모님이 다 돌아가신 먼 훗날에도 오직 반석 위에 서 있는 그녀의 믿음은 이 세상의 풍파와 바람과 눈보라를 이기고 우뚝 섰던 것이다. 심지어 영적 무감각마저 그녀를 넘보지 못했다.

편지와 전화 통화를 통해 나누는 그녀의 기억들은 평범한 사람들의 이야기였다. 그러나 그것은 하나님의 은혜에 사로잡혀 예외적인 사람들이 됨으로써 하나님의 영광을 위해 쓰임받았던 사람들의 이야기였다.

캐스린에 의하면, 오스왈드는 종종 하나님께 바쳐진 한 사람의 삶이 역사에 충격을 줄 것이라고 말했다고 한다. 거트루드 홉스는 자신의 삶이 그러한 삶이 될 줄은 꿈에도 생각하지 못했다.

캐스린의 유산은 오늘날 우리의 것이다. 예수님은 종교가 아니다. 그때나 지금이나 누구든지 하나님의 아들 예수 그리스도를 만날 수 있다. 주님이 재림하실 때까지 십자가의 역사는 계속될 것이다.

캐스린은 이미 80대이지만 시편 92편 12-14절처럼 살고 있었다.

"의인은 종려나무같이 번성하며 레바논의 백향목같이 성장하리로다 이는 여호와의 집에 심겼음이여 우리 하나님의 뜰 안에서 번성하리로다 그는 늙어도 여전히 결실하며 진액이 풍족하고 빛이 청청하니."

이 글을 쓰면서도 나는 계속 기도드린다.

"하나님, 이 글들이 주의 뜻대로 쓰여지게 하소서."

이러한 생각이 혹시 '벌레 같은' 생각은 아닐까? 상관없다. 내 영혼을 덮는 평강을 느낀다. 더 이상 시간대나 사건의 순서 등 어떻게 그 내용들을 기록하여 써내려갈 것인지에 대해 염려하지 않기로 했다. 나는 비디 챔버스의 삶에 대한 이야기는 사건의 순서와 상관없이 어떤 이야기를 펼쳐도 질리지 않는다는 사실을 발견했다. 그녀의 이야기는 가족 찬송 중에 "이 이야기를 전하고 싶어요"라는 마음을 내게 심어주고 있었다.

주 예수 넓은 사랑 그 크신 은혜를
나 힘써 전파함은 참 기쁜 일일세
주 예수 복된 말씀 생명과 진리요
내 맘의 갈급함을 다 채워주시네

이 말씀 전할 때에 내 맘이 기쁘고
그 말씀 전할수록 새 기쁨 넘치네

구원의 복된 말씀 못 들은 사람이
세상에 많으므로 힘써서 전하세

이 말씀 들은 사람 또 듣기 원하고
목말라 사모하니 그 말씀 진리라
그 나라 영광 중에 나 부를 새 노래
예부터 좋아하던 이 말씀뿐일세

예부터 전한 말씀 주 예수 크신 사랑
나 항상 전파하기 참 좋아하도다

예수님이 반석이라는 생각은 하루 종일 내게 큰 위로를 주었다. 청소하면서, 음식을 준비하면서 주님만 생각할 수 있었다.

어느 날 정원을 가꾸면서 조그맣고 귀여운 벌레를 보았다. 나는 그 벌레에게 '벌레다움' 이라고 이름을 지어주었다. 그 후 그 벌레를 하나님의 손에 의탁하고 놓아주었다.

집에 들어가서 제일 좋아하는 찬송을 하나 골라 피아노를 치며 큰 소리로 노래를 불렀다. 창문 밖으로는 정원이 보였는데, '벌레다움' 이 내 노래를 좋아했으면 하는 마음이 들었다.

교회의 참된 터는 우리 주 예수라
그 귀한 말씀 위에 이 교회 세웠네
주 예수 강림하사 피 흘려 샀으니
땅 위의 모든 교회 주님의 신부라

온 세계 모든 교회 한 몸을 이루어
한 주님 섬기면서 한 믿음 가지네
한 이름 찬송하고 한 성경 읽으며
다 같은 소망 품고 늘 은혜 받도다

땅 위의 모든 교회 주 안에 있어서
하늘의 성도들과 한 몸을 이루네
오 주여 복을 주사 성도들같이
우리도 주와 함께 늘 살게 합소서

피아노를 치며 노래를 하는 동안 '거룩운동'이 있을 당시의 그 귀한 성도들의 모임이 어떠했을지를 거의 짐작할 수 있을 것 같았다. 오늘도 그때와 같을 수는 없을까? 나는 궁금했다.

하루 일과가 끝난 후, 나는 저녁 공기를 즐기러 밖으로 나갔다. 혹시 '벌레다움'을 다시 만날 수 있을까 하여 손전등을 들고 나가 그 녀석을 찾아보았다. 이상하게도 그 녀석이 내가 무엇을 느끼는지 이해할 것 같았다. 그러나 아무리 찾아도 보이지 않았다. 그 녀석 대신에 다른 것을 보았다. 밤하늘이었다. 반짝거리는 별빛이 유난히 아름다웠다. 시편 19편 1절이 생각났다.

"하늘이 하나님의 영광을 선포하고 궁창이 그의 손으로 하신 일을 나타내는도다."

북극성이 보였다. 그 별을 보며 선원들이 배를 운행한다고 하지. 그 별이 없다면 배들은 길을 잃고 방황하다가 부서지겠지.

우리의 반석이요 터가 되시는 예수 그리스도는 또한 우리의 북극성이다. 그분을 바라볼 때 그분은 우리의 삶을 안전하게 인도해 주신다. 물론 내세에서도 주님은 우리의 영원한 북극성이 되신다.

오스왈드와 비디는 이미 하나님 곁에 가 있다. 언젠가 나도 그들을 뵙게 되겠지.

5장

이집트의 자이툰으로 가다

"예수께서 승천하실 기약이 차가매 예루살렘을 향하여 올라가기로 굳게 결심하시고"눅 9:51.

1차 세계대전이 점점 지구를 집아삼키는 가운데 성경훈련대학도 문을 닫을 수밖에 없는 상황이 되었다. 1915년 10월, 오스왈드 챔버스는 영국으로부터 멀리 떠나는 배를 타면서 마음을 단단히 하고 있었다. 성경훈련대학과 충성스러운 학생들, 사랑하는 아내 비디, 그리고 하나님께서 주신 작은 꽃, 캐스린을 두고 떠나야 했다.

오스왈드의 목적지는 이집트의 자이툰 훈련 본부였다. 그가 그곳으로 가는 이유는 그곳에 체류하는 군인들을 섬기기 위해서

오스왈드와 비디, 그리고 캐스린.
1915년 이집트로 항해하기 직전에.

였다. 오스왈드는 여행을 많이 해왔지만, 이번처럼 사역을 위해 젊은 아내와 조그마한 귀여운 딸을 두고 떠나기는 처음이었다.

배에 가까이 가면서, 오스왈드는 왼편 어깨에는 무거운 짐을, 그리고 오른편 어깨에는 어린 딸을 태우고 있었다. 오스왈드가 떠나야 할 시간이 가까웠고, 비디는 비록 남편과 함께 가지 못했지만 오스왈드 곁에서 걸으며 미소를 지었다.

이제 오스왈드가 떠날 시간이 되었다. 오스왈드가 짐은 내려놓고 두 손으로 캐스린에게 그네를 태워주니 아무것도 모르는 어린 캐스린은 그저 좋아서 깔깔거리며 웃고 있었다. 그러한 캐스린을 오스왈드가 꼭 껴안았다. 그가 캐스린을 비디에게 넘겨주었다. 그리고 그는 떠났다.

비디는 같은 해 12월에 남편을 만나볼 것을 고대했다. 남편이 있는 먼 곳으로 가기를 원했다. 그러나 그렇게 하려면 집을 떠나야 하고 모든 아는 사람들을 떠나야 하며 어린 딸을 이집트의 사막으로 데려가야 했다.

그 다음 몇 주 동안 비디는 이사 갈 준비를 하며 짐을 챙겼다. 자신의 짐과 딸의 짐을 따로 잘 쌌다. 그녀는 가족들과 친구로부터 약 2천 마일이나 떨어진 이집트 카이로 근처의 군사 훈련기지로 가게 되는 이 무서운 세계적인 위기에 대해 고민했다.

캐스린의 머리를 따는 데 필요한 리본과 머리핀을 조심스럽게 짐 가방에 챙겨넣으면서, 비디는 성경훈련대학의 마지막 순간의 나날들을 기억했다. 작은 일에서부터 학교를 폐교시킬 수밖에 없도록 만든 전 세계적인 전쟁이 임박하는 시점까지, 오스왈드는 전폭적으로 모든 면에서 예수 그리스도만을 의지했기 때문에 모든 사람들에게 힘센 탑과 같은 역할을 했다.

비디는 바쁘게 물건들을 옮기면서 짐을 정리하고 청소했다. 그러면서도 캐스린을 세심하게 돌보았다.

'이집트에 가면 건강과 위생을 어떻게 해야 하나?'

그녀는 걱정과 염려를 옆으로 밀쳐내면서 "나는 하나님을 믿으리라"고 다짐했다. "하나님은 결코 우리를 실망시키지 않으신다"고 크게 외쳤다.

불현듯 비디의 마음속에, 성경훈련대학이 폐교되던 1915년 7월 14일에 오스왈드가 외친 메시지가 생각났다.

"너희는 마음에 근심하지 말라 하나님을 믿으니 또 나를 믿으라"

요 14:1.

학생들과 직원들, 비디와 캐스린은 오스왈드의 메시지를 귀 기울여 들었다. 예수 그리스도를 사랑하는 사람들은 그들의 마음이 성령으로 인쳐 있기 때문에 진짜 안녕이란 있을 수 없다는 메시지였다.

비디와 오스왈드는 누가복음 11장 13절의 빛 가운데 살았다.

"너희가 악할지라도 좋은 것을 자식에게 줄 줄 알거든 하물며 너희 하늘 아버지께서 구하는 자에게 성령을 주시지 않겠느냐 하시니라."

비디는 "오스왈드는 그곳 사람들에게 주 예수 그리스도를 알릴 거야"라고 확신했다. 잠깐 짐을 꾸리는 일을 멈추고 캐스린을 안아주었다.

"이제 준비됐다."

캐스린은 작은 인형 하나를 엄마에게 주었다.

"여행 같이 갈 친구예요!"

"그래, 여행을 가는 거지."

비디가 웃으며 대답했다.

"엄마가 네 머리 리본을 잘 챙겨둘게."

캐스린은 어린아이였기 때문에 아무것도 모르고 그저 기분이 좋았다. 파리 하나를 보더니 파리를 잡으러 쫓아다니기 시작했다.

1914년 초, 1차 세계대전이 유럽에서 발발했다. 오스왈드가 군인들에게 영적 도움을 주라는 하나님의 부르심을 느낀 것은 1915년 5월이었다. 그는 디모데후서 4장 6절에 근거해 결정을 내렸다.

"전제와 같이 내가 벌써 부어지고 나의 떠날 시각이 가까웠도다."

그 후 그는 효자인지라 부모님들에게 편지를 써서 자신의 결정을 알렸다.

오스왈드는 아무리 힘든 상황에서라도 비디가 자기 곁에 있을 것을 확신했다. 그는 그의 종착지가 YMCA 막사가 될 것이라고 생각했다. 1915년 5월, 구체적인 상황에 대해 아무것도 아는 바가 없었지만, 오스왈드는 모든 것을 아시는 그분을 의지했다. 그것만이 오스왈드에게 중요했다. 구체적인 상황들은 언제든지 변할 것을 알고 있었다.

비디는 오스왈드의 아내가 된 것에 긍지를 느꼈다. 그녀는 성경대로 살았고 예수님께서 걸으신 대로 걸었다. 비디는 하나님이 모든 환경을 주관하시는 것을 믿었으며 남편 오스왈드가 언제나 하나님을 따를 것을 알고 있었다.

비디는 캐스린의 옷을 정리하다가 잠깐 쉬었다. 이집트는 어쩌면 끔찍한 장소일지도 모른다고 생각했다. 사막에 갔다온 사람들이 비디에게 많은 이야기를 해주었다. 낮의 해가 너무 뜨거워서 지하에 살아야 한다고 말해주었다. 안전한 집이 없이 살아야 할지도 모른다고 했다. 심지어 어떤 사람은 비디를 위해 말해준다고 하면서, 그곳에 가는 것은 불가능하며 가면 반드시 죽는다고 말했다.

그녀는 한동안 왜 오스왈드가 다른 곳이 아닌 하필이면 이집

오스왈드 챔버스는 자이툰의 YMCA 막사에서 장병들을 도울 수 있는 일이라면 뭐든지 했다.

YMCA 막사 안. 병사들은 하나님 말씀을 들으러 이곳에 모여들었다.

트에 가 있는지 생각했다. 그 당시 이집트는 영국의 식민지였다. 영국은 이집트의 천연 자원으로부터 경제적인 이득을 취하고 있었다. 한편 이집트는 영국으로부터 목화를 수입하고 있었다. 이집트는 또한 여러 생산품들을 영국에 의존하고 있었다. 따라서 1차 세계대전이 발발하여 점점 전쟁이 격렬해지자 이집트는 법적으로 대영 제국의 보호를 받게 되었던 것이다.

수에즈Suez 운하는 영국의 생명선과 같았다. 이 운하는 인디아와 유럽을 잇는 가장 중요한 지름길이었다. 수에즈 운하와 아바단Abadan 연료 보급 파이프 라인은 어떤 대가를 치르더라도 지켜져야 했다.

전쟁이 너무 방대하고 영국이 관련되어 있었기 때문에 여러 나라에서 군인들이 참여하게 되었다. 수에즈 운하를 지켜야 하는 군인들은 카이로 근처에 자리를 잡고 신속하게 보강되었다.

그들 대부분은 1914년 8월에 영국 군대로 모집되었다가 먼저 유럽이 아닌 이집트로 파견되었다. 당시 수에즈 운하와 중동 지역에는 오스만 제국에 의해 영국의 기득권이 위험에 처해 있었기 때문이었다.

1915년, 오스왈드 챔버스는 이집트 자이툰으로 항해하여 오게 된다. 자이툰은 카이로에서 7마일 정도 되는데, 그곳에 있는 YMCA의 장교로 참여하게 된 것이다. 그는 자이툰 훈련기지에서 중동 긴급 지원 병력에 속하게 되었다. 그 기지는 방대하게 열린 사막을 향해 바라보고 있었다. 그 기지에는 오스트레일리아 군인들과 뉴질랜드 군인들이 있었으며 영국과 스코틀랜드 군사들도 지원병으로 와 있었다. 젊은 군인들은 텐트와 막사에서 잠을 잤다. 그 황량한 사막 가운데 군마들이 줄 서 있었고 응급차와 마차들이 있었다. 진영의 환경은 형편없었다. 태양 빛이 가차 없이 내리쬐고 있었고 어디에나 벌레들로 가득 찼다.

가장 지겹고 고통을 주는 벌레들은 파리와 모기였다. 이 벌레들은 낮게 나는 구름처럼 진영을 덮곤 했다. 사람들은 가차 없이 달려드는 벌레들 때문에 고생했고 눈과 귀로부터 벌레들을 멀리하기 위해 파리채가 필요했다.

할 일이 없기 때문에 하루 종일 단조롭고 지겨운 나날들이었다. 고향에서 편지가 오는 일은 거의 드물었고 젊은이들의 신경은 계속되는 태양열, 모래 바람, 온갖 종류의 벌레들, 간신히 때우는 식사, 오늘이 이 땅에서 마지막 날일지도 모른다는 공포로 인해 날이 갈수록 지치고 날카로워졌다. 만일 군인이 병들게 되면 그는 뜨거운 태양열을 지나 카이로로 후송되어야 했다. 만일 그 군인이 죽지 않고 살아나면 회복을 위해 다시 카이로 또는 알렉산드리아의 진영으로 보내졌다. 누구에게나 집으로 돌아간다

1915년 초, 뉴질랜드 군사가 피라미드 아래에서 야영을 하고 있다. 1차 세계대전 시에 카이로 주변 지역은 엄청나게 많은 군사들이 밀집되어 움직이고 있었다.

는 것은 불가능했다.

오스왈드는 군목으로 섬겼다. 군인들의 친구가 되어주고 상담 일도 했다. 오스왈드와 비디는 군병들을 위로하며 그들과 복음을 나누기를 원했다. 그들은 젊은 군인들에게 참된 길을 마련해주기를 원했다. 대부분이 십대인 군인들에게 영원한 생명을 알게 해주고 싶었다. 오스왈드와 비디는 그들에게 영원한 본향에 갈 수 있는 길을 나누었다.

비디와 오스왈드가 머물게 되는 YMCA 막사는 통나무로 못질해서 만든 것이었다. 사막의 모래로 바닥을 깔았다. 막사는 뜨거운 모래 바람으로부터 그들을 보호해주었다. 지중해 바다로부터 사하라 사막으로 부는 모래 바람은 허리케인의 속도만큼 빠를 때도 있었다. 그러면 모래 폭풍이 일어나 하루 또는 며칠씩 계속되기도 했다. 어떤 때는 끝없는 모래 폭풍이 일기도 했다.

먼지와 땡볕의 사막 가운데서 살다보면 건강을 잃기 쉬웠다. 말할 것도 없이 강력한 모래 바람은 군사 기계들과 차량 등을 고장나게 만들었다.

런던에서는 비디가 세탁도 하고 다림질도 하며 군인들에게 따스한 차를 제공하기 위해 식탁보를 마련하기도 했는데, 이곳에서는 책상과 의자에 쌓이는 먼지만 치워도 하루 종일 걸렸다.

비디는 군인들이 저녁에 캠프 중앙에 불을 지피고 정말로 맛없고 지겨운 식사 시간을 갖는다는 것을 알게 되었다. 나중에 비디는 자신이 성경훈련대학에서 수많은 학생들을 먹였던 훈련이 얼마나 고마운지 몰랐다. 또한 더 감사한 것은 성경훈련대학의 학생들이 비디를 돕기 위해 런던에서 자이툰까지 온 것이었다.

사실 전쟁의 위험이 따르는 상황에서 영국 여성들이 자이툰을 방문하여 한동안 머물 수 있었다는 것은 하나님께서 예비하신 증거였다.

오스왈드 챔버스가 먼저 간 자이툰을 향해, 비디 챔버스와 딸 캐스린이 뒤따라 가야 했을 때, 너무나 큰 위로의 소식이 비디에게 들려왔다. 성경훈련대학의 학생인 매리 릴리가 자이툰까지 함께 동행하겠다는 것이었다.

"엄마!"

어린 캐스린이 나타났다.

"하나님이 보내신 나의 예쁜 작은 꽃!"

비디는 웃음을 띄우며 아장아장 걷는 딸을 두 팔로 안았다.

"배고프구나?"

"네, 엄마."

캐스린은 대답했다.

"파리를 잡을 수가 없어요."

"괜찮단다. 예쁜 내 사랑."

비디는 딸을 내려놓으며 대답했다.

"파리가 너무 빨라요."

비디는 캐스린에게 먹을 것을 준 다음에 낮잠을 재웠다. 그녀는 다시 짐을 꾸리면서 생각에 빠졌다. 이집트에 가져갈 짐들을 잘 챙긴 후에 비디는 걸상 위에 털썩 주저앉았다. 그러나 그녀의 영혼은 예수님의 말씀을 기억하면서 힘차게 일어나고 있었다.

"또 너희가 어찌 의복을 위하여 염려하느냐 들의 백합화가 어떻게 자라는가 생각하여 보라 수고도 아니하고 길쌈도 아니하느니라"마 6:28.

그녀는 조용히 기도했다.

'땅 위나 땅 아래나 주께는 모든 것이 일반입니다.'

그녀는 확신을 얻기 위해 성경을 열었다. 그리고 항상 곁에 끼고 다니는 노트를 잡았다. 하나님의 말씀은 그녀를 실망시키지 않았다. 그녀는 오스왈드가 실망과 좌절에 주저앉지 않을 줄을 알고 있었다. 그녀는 위로와 평강의 근원 되시는 분께 나아갔다. 천천히, 그러나 자세히 다음 구절을 읽었다.

"주께서 심지가 견고한 자를 평강하고 평강하도록 지키시리니 이는 그가 주를 신뢰함이니이다"사 26:3.

그 후 이사야서 43장을 찾아 읽었다.

"야곱아 너를 창조하신 여호와께서 지금 말씀하시느니라 이스라엘아 너를 지으신 이가 말씀하시느니라 너는 두려워하지 말라 내가 너를 구속했고 내가 너를 지명하여 불렀나니 너는 내 것이라 … 보라 내가 새 일을 행하리니 이제 나타낼 것이라 너희가 그것을 알지 못하겠느냐 반드시 내가 광야에 길을 사막에 강을 내리니 장차 들짐승 곧 승냥이와 타조도 나를 존경할 것은 내가 광야에 물을, 사막에 강들을 내어 내 백성, 내가 택한 자에게 마시게 할 것임이라 이 백성은 내가 나를 위하여 지었나니 나를 찬송하게 하려 함이니라"사

43:1,19-21.

비디는 주님을 경외하는 마음으로 그녀의 성경을 덮고 잠깐 가슴속에 꼭 품었다. 그 후 그녀는 자기 노트에 위의 성경 구절을 적어놓았다.

"오스왈드도 이 구절들을 좋아할 거야."

그녀는 부드러운 어조로 말했다.

열심히 짐을 싸다보니 벌써 저녁 먹을 시간이 되었다. 딸아이에게 저녁을 주어야 했다. 딸이 식사를 하고 목욕을 한 후 밤이 되어 다시 잠이 들었다. 비디도 개인 시간을 갖고 밀린 일들을 마무리하기 시작했다. 성경의 현숙한 여인처럼 그녀는 아무 불평 없이 자기가 할 일을 묵묵히 했다. 그녀는 성실했다. 그녀에게 잠언의 여인처럼 "능력과 존귀로 옷을 삼고 후일을 웃을 날이 올 것"이다 잠 31:25.

챔버스 부인은 걱정하지 않았다. 그녀는 남편이 곁에 없어도 남편의 말을 존경했다. 그녀는 기도했고 하나님의 말씀을 연구했다.

"아무것도 염려하지 말고 다만 모든 일에 기도와 간구로, 너희 구할 것을 감사함으로 하나님께 아뢰라" 빌 4:6.

그녀는 말씀에 순종했다. 밤이 되어 잠을 자기 전에 그녀는 자신이 제일 좋아하는 찬송을 불렀다.

때 저물어 날 이미 어두니
구주여 나와 함께하소서
내 친구 나를 위로 못할 때
날 돕는 주여 함께하소서

내 사는 날이 속히 지나고
이 세상 영광 빨리 지나네
이 천지 만물 모두 변하나
변찮는 주여 함께하소서

주 홀로 마귀 물리치시니
언제나 나와 함께하소서
주같이 누가 보호하리까
사랑의 주여 함께하소서

이 육신 쇠해 눈을 감을 때
십자가 밝히 보여주소서
내 모든 슬픔 위로하시고
생명의 주여 함께하소서

곧 비디 챔버스도 어린 딸처럼 잠이 들었다. 더 이상 저 먼 이집트 땅이 그녀에게는 두려움이 되지 않았다. 그 이유는 그녀가 성경의 진리 안에서 안식했기 때문이었다.

“그때에 저는 자는 사슴같이 뛸 것이며 말 못하는 자의 혀는 노래하리니 이는 광야에서 물이 솟겠고 사막에서 시내가 흐를 것임이라”사 35:6.

평안히 쉬는 딸처럼 비디도 하나님의 사랑 가운데 안전했다. 하나님께서 그분의 평강으로 비디를 사로잡으셨으며 그분의 자녀를 가까이 품 안에 안으셨다.

탐구여정 6

평강 가운데 편지를 기다리며

"지존자의 은밀한 곳에 거주하며 전능자의 그늘 아래에 사는 자여, 나는 여호와를 향하여 말하기를 그는 나의 피난처요 나의 요새요 내가 의뢰하는 하나님이라 하리니"시 91:1-2.

"캐스린, 영국에 있던 성경훈련대학 기억나요?"

나는 나를 친구로 여기고 언제든지 전화하도록 허락한 친절한 캐스린에게 다시 전화를 하고 있었다. 그러나 대답이 없었다. 나는 다시 신속하게 말을 이었다.

"거기서 태어났지만 아기였기 때문에 생각이 나지 않을 수 있지요."

"제가 당신에게 성경 훈련학교에 대해 많은 것을 말해줄 수 있어요. 어머니가 제게 말씀하셨던 것들을 찾고 있는 중이에요. 어딘가에 다 기록해 두었거든요. 잠깐 기다리세요. 기다릴 수 있겠어요?"

캐스린은 언제나 친절하고 자상했다. 나는 얼마든지 기다릴 수 있었다. 그러나 대화를 줄여야 했다. 그 이유는 캐스린의 애완견 레이디가 나가자고 조르기 때문이었다.

"개가 일을 봐야 해요."

캐스린은 호호 웃었다.

"제가 정보를 찾아 편지로 보내드리지요. 또 어머니의 글들도 몇 편 있는데 보내드리도록 하겠습니다."

"알겠어요. 그러면 기다리고 있겠습니다. 저는 당신에게 편지를 받을 때 기분이 좋거든요. 고맙습니다."

나는 만족해하며 대답했다. 친구처럼 캐스린과 나는 매일 일어나는 일상을 나누기 시작했다. 그 대화에는 애완견에 대한 이야기도 있었다.

캐스린은 애완견 레이디의 사진을 보내주었는데, 내가 알 수 없는 종자였다. 레이디는 중간 사이즈로, 몸에는 짤막한 하얀 털이 있었다. 귀와 얼굴은 갈색이었고 꼬리는 약간 말려 있었다. 레이디는 보기에 매우 친근했는데 나는 아직도 어떤 종자의 개인지 알아내지 못했다. 개의 종자가 뭐든 상관없다. 캐스린이 레이디를 사랑했고 나도 사랑했기 때문이다.

전화기를 통해 개들도 대화하는 것 같았다. 쿠키가 짖으면 레이디가 듣고 있다가 짖곤 했다. 그러면 캐스린은 대화 중에 "예수님께서 동물도 사랑하시겠지요?"라고 말하곤 했다.

전화 통화가 끝나자 나는 ‘니쉬’ Niche라는 단어를 찾아보았다. 캐스린의 아버지 오스왈드가 그 단어에 대해 많이 언급했다는 것이다. 예수 그리스도께 충성하기 위해서는 우리의 삶 속에서 우리의 니쉬를 찾아내야 한다고, 자신의 니쉬를 찾는 것이 하나님을 가장 잘 섬기는 비결이라고 했다는 것이다. 나는 정확한 발음을 알고자 두어 사람에게 전화했다.

“‘니치’ 라고 발음해요, ‘니쉬’ 라고 발음해요?”

“스펠링이 어떻게 되지요?”

“N I C H E 인데요.”

“잠깐 기다리세요.”

계속 기다렸는데 아무리 기다려도 답변이 없었다. 할 수 없이 전화기를 내려놓으며 스스로 찾아보기로 했다.

사전을 찾아보니 ‘니쉬’ 라는 의미는 ‘보금자리’ nest 같은 것이었다. 때마침 전화를 걸어온 친구에게 다짜고짜 ‘니쉬’ 라는 단어에 대해 물었다.

“나는 그 단어의 발음을 잘 알지. 내 남편 곁에 누울 때 그 자리가 니쉬야. 내가 죽을 때 니쉬에 묻힌다는 뜻이야.”

그러면서 ‘니-이-이-쉬’ 라고 발음해주었다.

“너무 고맙다!”

나는 전화기를 내려놓으며 정말로 고마운 마음이 들었다.

“그래. 이제 나도 정확히 발음할 수 있다. 니-이-이-쉬.”

그러면서 ‘보금자리’ 라는 단어의 의미를 계속 찾았다. 그 단어는 어린 새들의 둥지라는 뜻도 있지만 ‘안식처, 휴식처, 쉬는 곳’ 이라는 뜻도 있었다.

'아하, 그래서 자녀들이 집을 떠나면 그 집을 비어 있는 보금자리라고 하는구나.'

희미하게 시편이 안전한 장소와 피난처에 대해 말하는 것이 기억났다. 그리고 그 의미가 '하나님의 보금자리'라는 뜻임을 알 수 있었다. 관심이 생겨 니쉬에 대해 더 자세히 알고 싶었다.

영국에 살았던 친구에게 전화했다. 혹시 섬나라에서 그 단어의 특별한 의미가 있을 수도 있다고 생각했다.

"'니쉬'의 뜻이 뭔지 아니?"

"응. 영국에서는 그 단어를 혼자만의 숨은 장소를 뜻할 때 사용하지."

그녀는 웃으며 말했다.

"이제 무슨 뜻인지 정확하게 이해가 가는군. 고마워."

나는 대답했다.

전화를 끊고 나는 피난처 또는 안전한 장소에 대해 언급하는 시편들을 찾아보기로 했다. 성경 용어사전을 이용해 시편 91편을 찾을 수 있었다.

그 구절을 다시 내 노트에 써보았다. 문득 캐스린과 그 내용을 나누고 싶었다. 그녀는 시편 91편에 대해 어떻게 생각하는지, 무엇을 느끼는지 듣고 싶었다. 나는 캐스린이 좋아하는 킹 제임스 버전King James Version 성경을 사용했다.

나는 시편 91편을 발견하고는 너무나 기뻤다. 그 시편은 내게 평안을 가져다주었다. 나는 내 손으로 직접 쓴 시편 91편을 책상 벽에 붙여놓았다.

“지존자의 은밀한 곳에 거주하며 전능자의 그늘 아래에 사는 자여, 나는 여호와를 향하여 말하기를 그는 나의 피난처요 나의 요새요 내가 의뢰하는 하나님이라 하리니 이는 그가 너를 새 사냥꾼의 올무에서와 심한 전염병에서 건지실 것임이로다 그가 너를 그의 깃으로 덮으시리니 네가 그의 날개 아래에 피하리로다 그의 진실함은 방패와 손 방패가 되시나니 너는 밤에 찾아오는 공포와 낮에 날아드는 화살과 어두울 때 퍼지는 전염병과 밝을 때 닥쳐오는 재앙을 두려워하지 아니하리로다 천 명이 네 왼쪽에서, 만 명이 네 오른쪽에서 엎드러지나 이 재앙이 네게 가까이 하지 못하리로다 오직 너는 똑똑히 보리니 악인들의 보응을 네가 보리로다 네가 말하기를 여호와는 나의 피난처시라 하고 지존자를 너의 거처로 삼았으므로 화가 네게 미치지 못하며 재앙이 네 장막에 가까이 오지 못하리니 그가 너를 위하여 그의 천사들을 명령하사 네 모든 길에서 너를 지키게 하심이라 그들이 그들의 손으로 너를 붙들어 발이 돌에 부딪히지 아니하게 하리로다 네가 사자와 독사를 밟으며 젊은 사자와 뱀을 발로 누르리로다 하나님이 이르시되 그가 나를 사랑한즉 내가 그를 건지리라 그가 내 이름을 안즉 내가 그를 높이리라 그가 내게 간구하리니 내가 그에게 응답하리라 그들이 환난당할 때에 내가 그와 함께하여 그를 건지고 영화롭게 하리라 내가 그를 장수하게 함으로 그를 만족하게 하며 나의 구원을 그에게 보이리라 하시도다.”

나는 당장 캐스린에게 전화해서 내가 발견한 것을 말해주었다.

“제가 깨웠나요?”

“괜찮아요.”

"있잖아요."

"뭔데요?"

"저기, '니쉬'는 보금자리와 같은 거예요. 갓난 새들의 둥지라고 할까요. 갓난 새가 날아다닐 수 있을 때까지 안전하게 있는 곳이지요."

캐스린이 나의 말에 끼어들었다.

"어미 새가 아기 새들을 둥지에서 몰아내는 것을 아세요? 어미 독수리들이 그렇게 하지요. 새끼 독수리들을 둥지에서 몰아서 공중에 떨어뜨리지요. 어머니에 대한 여러 자료들을 우편으로 보냈어요. 그것을 받게 되면 꼭 알려주세요."

"고마워요, 캐스린. 꼭 그렇게 하지요."

새의 둥지를 찾아 오래 걸으면서 나는 전능하신 하나님께서 보호하시는 보금자리는 예수 그리스도이며, 우리는 믿음으로 그 보금자리에 머물 수 있다는 결론에 이르렀다.

"그렇지만 날개를 펴고 날다는 뜻은 무슨 뜻이지? 난다는 것은 보금자리를 떠난다는 것인데…."

집으로 들어가면서 답답해 큰 소리로 나 자신에게 물었다. 주의해서 살펴보니 하나님께서 그의 백성을 보호하시고 훈련하시는 것을 독수리가 새끼를 보호하고 훈련하는 것으로 비유되고 있었다.

"마치 독수리가 자기의 보금자리를 어지럽게 하며 자기의 새끼 위에 너풀거리며 그의 날개를 펴서 새끼를 받으며 그의 날개 위에 그것을 업는 것같이"신 32:11.

한참 후에 한 친구로부터, 새끼 독수리가 날지 못하고 떨어지면 부모 독수리가 보고 있다가 신속하게 내려가서 새끼가 땅에 부딪히려는 마지막 순간에 새끼 독수리의 등을 물어 다시 둥지로 데려간다는 말을 들었다. 그리고 날 수 있을 때까지 계속 훈련한다는 것이다.

나는 성경이 너무나 정확하다는 것을 알았다. 누구든지 "지존자의 은밀한 곳에 거주하는 자"는 하나님의 보금자리 '니쉬'에 거하는 사람으로서 언제나 안전하다.

나는 그 당시 하늘을 난다는 개념에 대해 정확하게 깨닫지 못했다. 내가 날기 위해서는 시간이 더 필요했던 것 같다. 아무튼 나는 기다려야 했다.

며칠 후 캐스린이 약속한 대로 나는 가장 반가운 편지 한 통을 받았다. 편지의 내용은 나를 깜짝 놀라게 했다. 즉, 어떻게 니쉬에 거할 수 있는지에 대한 정보로 가득 차 있던 것이었다. 캐스린은 자신의 글씨가 엉망이라고 하면서 미안해했다. 그 편지의 내용은 이러했다.

어머니는 언제나 일찍 일어나서 기도를 하셨답니다. 어머니는 노트에 기도를 속기로 다 적어놓으셨지요. 그 노트는 기도 제목으로 꽉 찼었어요. 그러면 다른 노트를 구입하여 또 기록하셨지요. 어머니는 언제나 개방적이셨어요. 어린이들이 우리 집에 와서 뛰어다니면 어머니도 그들과 같이 놀아주셨지요. 어린이들은 어머니를 '비디 부인' 이라고 불렀답니다.

집에는 언제나 개들과 고양이들이 있었어요. 어머니와 나는 개들을 데리고 산책을 나가 많은 대화를 나누었어요.

'베드로' 라고 하는 개는 성격이 좋았어요. 이웃집 사람들이 우리 집에 오면 벨을 울리면서 베드로에게 이렇게 말하곤 했어요.

"베드로도 차 한 잔 할래?"

그러면 어머니는 문을 열어주면서 "너도 차 한 잔 해라"라고 말했지요. 그러면 베드로는 당장 어디론가 (차 한 잔 하러) 사라졌어요. 한 시간 후에 돌아온 베드로에게 똑같은 말을 하면 베드로는 또 어디론가 나갔어요.

편지를 쓰는 일은 어머니에게 매우 중요한 일이었답니다. 그녀는 편지를 매우 소중하게 여겼어요. 여행 중에 있는 사람들에게 항상 편지를 썼어요. 아무리 짧게 쓰더라도 그녀의 편지는 사람들에게 아주 중요한 편지가 되었지요.

어머니에게는 약간 신기한 취미가 있었어요. 해마다 풍경화 및 초상화 전시회를 참여하기 위해 아카데미에 갔어요. 아카데미는 런던 중심에 있었지요. 나도 어머니와 언제나 함께 갔답니다.

여름 7월이 되면 우리가 살던 곳의 알버트 홀에서 클래식 음악 콘서트가 밤에 있었지요.

어떤 것이 알버트 홀일까? 보내준 사진들을 펼쳐보았다.

사진 중에 엄청난 건물이 하나 있었다. 영국의 다른 건물처럼 건물 구조가 웅장하고 멋있었다. 사진의 제목이 '예술과 과학의 로얄 알버트 홀' 이라고 되어 있었다. 이 홀은 1871년 3월

19일에 처음 열렸다고 한다. 홀을 처음 열었을 때의 오프닝 기념 행사에 대한 정보도 있었다.

그 홀은 런던의 캔싱턴 남부에 위치하고 있었는데, 홀 안에는 영국에서 가장 큰 파이프 오르간이 있었다. 마음이 부푼 가운데 나는 캐스린의 편지를 계속 읽기 시작했다.

그 홀은 빅토리아 여왕이 집권할 때 그녀가 사랑하던 알버트 왕자님을 기념해 세운 것이지요. 클래식 음악에 관심 있는 사람들을 위한 것이기도 해요. 수백 명의 사람들이 매일 밤마다 그곳을 방문한답니다. 그리고 3시간에서 3시간 반가량을 그곳에 서 있답니다. 자리가 수백 개가 되는데 저녁마다 가득 차지요.

나는 어머니와 함께 그곳에 일주일에 적어도 네 번은 갔어요. 그녀는 그녀의 자리가 있었어요. 유명한 오케스트라와 지휘자들이 밤이면 그곳에 있었답니다.

영국 지휘자인 헨리 우드 경이 1차 세계대전이 끝난 후에 이 콘서트를 시작했어요. 그 콘서트를 프로미네이드Promenade 콘서트라고 하지요.

나는 프로미네이드 콘서트와 헨리 우드1869-1944 경에 대해 알기 위해 잠깐 멈추었다.

헨리 우드 경은 1895년에 프로미네이드 콘서트를 설립한 후, 50년가량을 지휘했다. 이러한 업적으로 1911년에 기사 칭호를 받았다.

오늘날, 여름에 8주가량 매일 오케스트라와 함께 클래식 음악을 연주하는데 BBC 프롬Proms 또는 헨리 우드 프로미네이드 콘서트BBC로 알려져 있다. 프롬은 이 지구상에서 가장 큰 클래식 음악 축제이다. 사람들은 입장료가 없이 서 있을 수 있으며 걸어 다녀도 된다(이렇게 걷기 때문에 프로미네이드라고 부르게 되었다). 티켓을 구입하는 사람들에게는 좌석이 마련된다.

나는 내 애완견을 보며 말했다.

"잠깐! 로얄 알버트 홀은 오늘까지 있고, 비디 챔버스는 그 콘서트를 참여했고 좌석이 있었다!"

쿠키는 아늑한 침대에서 뒹굴더니 곧 잠이 들었다.

다시 한 번 이 글을 쓰면서 시간이나 사건의 순서 등에 대해 걱정하지 않기로 결정했다. 그러고 나니 캐스린에게 비디 챔버스에 대해 알아가는 것이 훨씬 쉬어졌다. 모든 세세한 정보는 그녀의 어머니의 초상화를 그리는 데 소중한 퍼즐 조각들이었다.

그녀의 편지는 계속되었다.

머스웰 힐Muswell Hill에는 성 야고보라고 불리는 오래된 교회가 있었는데, 매주 오르간 연주가 있었지요. 어머니와 저는 낮에 한 시간가량 그 연주를 들으려고 매일 그곳에 갔지요.

아니 머스웰 힐은 또 뭘까? 연구를 위해 책을 펼쳤다. 전화

비용이 너무 비쌌기 때문에 매번 궁금증이 생길 때마다 캐스린에게 설명을 요구할 수는 없었다. 다음은 머스웰 힐에 대해 책을 통해 발견한 내용이다.

런던, 머스웰 힐은 캐스린이 살던 동네였다. 그 동네는 구영국의 일부로 알려져 있었다. 북부 런던의 멋진 에드워드풍의 교외였다.

가장 오래된 기록을 보니 이 동네는 12세기에 시작되었다. 수녀들에게 이 땅이 허락되면서 성당이 이곳에 지어졌고 '머스웰의 수녀들'이라고 이름붙이게 되었다.

머스웰이라는 이름이 주어진 배경은 그 땅에 기적을 일으키는 자연적인 샘이 있었기 때문이라고 한다. 그래서 '기적'이라는 뜻의 머스웰이라고 했다고 한다. 스코틀랜드 왕이 이 샘의 물을 마신 후에 질병을 치유했다고 한다. 따라서 이 지역은 중세에 순례자들이 방문하는 지점이 되었다.

이 이야기를 읽으면서 내 마음은 또 다른 세계로 이어졌다. 우물가에서 예수님께 생수를 구하는 사마리아 여인이 생각났다. 우리의 삶 속에서 하나님의 사랑의 샘에서 흐르는 생수를 마시는 축복을 생각했다.

이제 캐스린의 편지의 남은 부분을 다 읽었다.

어머니는 정치에 관심이 많았어요. 그래서 일간지인 〈데일리 텔레그라프〉Daily Telegraph를 구독하여 읽었지요. 그녀는 처칠에 관련한 책들을 읽었고 그분을 매우 존경했어요. 온갖 종류의 책들과 소설들,

모험 및 역사책들을 읽었답니다.

그녀는 스티븐슨을 가장 존경했기 때문에 그분의 책은 다 가지고 있었어요. 모든 분야의 책을 읽었고 시와 산문을 다 좋아했답니다.

어머니의 귀가 먼 것은 큰 문제가 될 수 있었을 거예요. 그러나 별로 대수롭게 여기지 않으시고 웃어넘키셨어요. 다른 사람들은 귀가 먼 것에 대해 난리였지요. 그들은 귀가 머는 것을 정신적 장애와 같은 것으로 생각했어요. 보청기를 하면 모든 소음을 다 확청했기 때문에 식사 준비하는 것이 매우 지치고 힘들었지요.

어머니는 사람들의 말을 알아듣기 위해 남들의 입술을 읽지 않았어요. 그 이유는 대부분의 사람들의 입술을 주시해 전부 볼 수 있는 것도 아니고 그들과 대화할 때는 식사 시간이 대부분이라 보통 입 안에 음식이 있었기 때문이라고 해요. … 이러한 모든 일들이 우리 어머니께는 다 중요했답니다.

나는 캐스린이 어머니의 어린 시절에 대해 나눈 모든 것들을 기억했다. 거트루드 홉스는 만성적 질병 때문에 거의 듣지를 못했고 영국 고향에서 정규 교육을 거의 받지 못했다고 했다.

나는 캐스린에게 비디가 식사 시간에만 사람들의 입술을 읽지 않은 것인지 아니면 언제나 읽지 않은 것인지 묻지 못했다. 그 질문은 사생활을 침범할 수 있다는 느낌이 들었다. 그럼에도 비디가 무엇을 중요하게 여겼는지는 놓치지 않았다.

편지와 대화를 통해 캐스린은 내게 '거룩'이란 우리가 얻는 어떤 것이 아니라고 가르쳐주었다. 거룩은 하나님의 선물이고 우리가 하나님의 사랑과 능력의 피난처에 머무는 비결이다. 그녀는 이렇게 설명했다.

"부모를 믿는 어린아이 같은 삶이 거룩이랍니다."

나는 이 설명을 듣고 "그게 다예요?"라고 무식하게 물었다.

그녀는 나의 약점을 지적한 적이 없었다. 나의 믿음이 연약하다고 꾸짖은 적도 없었다. 대신 언제나 인내하는 마음으로 그녀의 아버지가 가르치셨던 것을 설명했다. 또한 그녀의 어머니가 하나님의 자녀로서 어떠한 자연스러운 삶을 살았는지 알려주었다.

그녀의 대답의 핵심은 언제나 우리가 아니라 하나님이었다. "하나님이 모든 것을 다 하십니다"라고 캐스린은 말했다.

"우리가 할 일은 그저 믿는 것이지요."

우리는 자신에 대한 권리를 내려놓고 모든 점에서 하나님을 전적으로 의지해야 했다. 이러한 가르침이 오스왈드의 책들로 나온 것이다.

"제 어머니는 절대로 서두르신 적이 없어요. 차분하셨지요. '하나님께서 그 다음에 어떻게 하시는지 보자'라고 종종 말하곤 하셨어요. 삶은 어머니에게 쉽지 않았어요. 어머니는 모든 것을 위해 부지런히 뛰셔야 했어요. 그러나 그녀의 생명은 하나님 안에서 그리스도와 함께 숨겨져 있었지요."

나는 비디 챔버스가 성경에서 그려놓은 삶을 살았다는 것을 깨달았다.

"이는 너희가 죽었고 너희 생명이 그리스도와 함께 하나님 안에 감추어졌음이라"골 3:3.

나는 하나님이 우리의 피난처라는 의미를 깨닫기 시작했다. 즉, 지금 비록 눈으로 볼 수 없다고 해도 우리는 전능자의 그늘에서 살 수 있다는 뜻이었다. 성경훈련대학에서 가장 많이 불렀던 애창 찬송이 이를 가장 잘 설명했다.

하나님만이 영원하시고 보이지 아니하시며 지혜로우시다.
우리의 눈으로 다가갈 수 없는 빛 가운데
가장 영광스럽고 가장 존귀한 옛적부터 항상 계신 분,
승리의 전능자, 주의 위대한 성호를 찬양하네.

빛처럼 조용하고 서두르지 않지만 쉬지 않고 일하시네.
부족함도 낭비도 없이 주께서 능력으로 다스리신다.
주의 공의는 하늘을 치솟는 산과 같고
주의 구름은 선함과 사랑의 샘이 된다네.

위대하든 보잘것없든 모든 것에 생명을 주시는 이는 주님이시네.
모든 생명 가운데 모든 것의 참된 생명 되시는 주님,
우리는 열매는 맺고 무성하기도 하지만,
어느새 시들어 멸망한다.
그러나 주님은 영원히 변함이 없으시네.

위대한 영광의 아버지, 빛의 순결한 아버지,

주의 천사들이 발을 감추고 주를 송축하네.
우리는 주께 영광을 돌린다. 우리를 보게 하소서.
빛의 영광이 오직 주님께만 있다는 사실을.

나는 이 찬송이 디모데전서 1장 17절을 근거로 하고 있다는 것을 발견했다.

"영원하신 왕 곧 썩지 아니하고 보이지 아니하고 홀로 하나이신 하나님께 존귀와 영광이 영원무궁하도록 있을지어다 아멘."

우리는 보이지 아니하시는 하나님을 예배한다. 우리의 눈을 상하지 않고 태양을 직접 볼 수 없듯이, 지금 우리의 이 몸으로는 하나님을 직접 볼 수 없다. 심지어 천사들마저 하나님의 존전에서는 자신들의 얼굴을 덮고 찬양한다.

"거룩하다 거룩하다 거룩하다 만군의 여호와여 그의 영광이 온 땅에 충만하도다"사 6:3.

지금은 아니지만, 언젠가 우리는 하나님의 아들을 얼굴과 얼굴을 맞대고 보게 될 것이다.

적어도 나는 어떻게 '거하는 자'가 될 수 있는지 알게 되었다. 샘이 흘러넘치듯 예수 그리스도의 생명이 우리 안에서 흘러넘친다. 자연적으로 새벽이 오고 땅거미가 지듯, 주님의 생명은 우리 안에서 자연스럽게 역사한다. 구하기만 하면 주님이 우리를 만지신다. 따라서 나는 아무 의심 없이 이렇게 말할 수 있게 되었다.

"주는 나의 은신처이오니 환난에서 나를 보호하시고 구원의 노래로 나를 두르시리이다(셀라)" 시 32:7.

캐스린에게서 올 다른 편지들을 계속 기다리는 동안 평강이 나의 영혼에 퍼지고 있었다. 나는 보금자리에서 쉬고 있었다.

6장

성경훈련대학 교장의 아내

오스왈드가 주축 멤버로 있었던 기도연맹에서는, 사역자들을 훈련시키기 위한 훈련대학을 만들어야 할 필요를 느끼고 있었다. 모든 성경을 완전하게 영감이 된 하나님의 말씀으로 믿고 성경을 최고의 권위로 믿는 가운데 그러한 학생들을 배출할 수 있는 온전하고 정확한 성경 지식을 가르칠 학교가 필요했다. 거룩에 대한 매일의 훈련, 실천적인 믿음, 영혼을 주께로 인도할 수 있는 성경 전문가가 필요하다고 느꼈다. 오스왈드는 더눈에서 이러한 훈련을 충분히 경험하고 쌓았기 때문에 그가 이 학교를 이끄는 첫 번째 교장이 되기로 했다. 또한 그의 아내가 이 일을 도울 수 있도록 했다.

기도연맹의 회원들은 계획을 하고 기도를 하며 성경의 약속대로 하나님의 응답을 기다렸다.

"너희 중에 누구든지 지혜가 부족하거든 모든 사람에게 후히 주시고 꾸짖지 아니하시는 하나님께 구하라 그리하면 주시리라 오직 믿음으로 구하고 조금도 의심하지 말라 의심하는 자는 마치 바람에 밀려 요동하는 바다 물결 같으니"약 1:5-6.

그들은 하나님께서 적절한 지도자를 준비하실 것을 믿었다.

바로 이때 클래펌 커먼을 바라보는 크고 멋진 시설이 가장 인기가 높은 영국 남부 지역에서 발견된 것이었다. 어마어마한 건물이 다시 멋지게 수리되었다. 벽난로의 양 옆에는 금테를 두른 커다란 거울을 달아놓았다. 벽에 뚫린 창문으로는 아늑하고 포근한 공기가 흘러들어왔다. 장식용 거울은 학생들에게 "우리가 다 수건을 벗은 얼굴로 거울을 보는 것같이 주의 영광을 보매 그와 같은 형상으로 변화하여 영광에서 영광에 이르니 곧 주의 영으로 말미암음이니라"는 성경 구절을 기억나게 했다고후 3:18.

챔버스의 꿈, 성경훈련대학이 런던의 남서부의 넓은 빅토리안 건물에 들어서게 되다.

오순절 후의 초대 교회 성도들처럼 기도연맹의 신자들은 성령으로 충만했다. 그들은 한마

장식용품 전시 건물이 성경훈련대학의 강의실이 되었다. 챔버스는 검은 칠판에 요약을 써놓고 강의를 했다.

음이 되었으며 "믿는 사람이 다 함께 있어 모든 물건을 서로 통용했다"행 2:44. 그들은 시간과 물질을 드렸으며 그것이 하나님의 뜻이라고 느꼈다. 수시로 하나님께서는 성경 훈련학교를 위해 필요한 모든 것을 제공하셨다.

학교에 잘 맞는 가구들이 준비되었다. 강의실에는 등이 똑바른 나무의자들이 준비되었고 식당에는 긴 탁자가 준비되었다(식사 시간이 아닐 때에도 이 탁자를 사용하여 오스왈드는 대화 및 강의를 하기도 했다). 학생들의 방에는 침대가 들어갔고 다른 조그마한 필수품들이 많은 자원자들에 의해 제공되었다. 학교에 등록하는 학생들이 들어오자마자 자기 집처럼 느낄 만큼, 모든 것이 갖추어져 있었다.

학생들이 식당에 도착하면 우아한 식탁보가 식탁을 덮고 있었다. 모든 것이 제자리에 있었고 번쩍거리는 물 주전자가 식탁마다 놓여 있었고 신선한 꽃들이 적당한 곳에 놓여 있었다.

비디와 오스왈드는 언제나 하나님의 공급하심에 감사를 드렸다. 훌륭한 가정 주부였던 비디는 여러 준비 과정을 기쁨으로 감당했다. 음식을 장만할 때도 "주께 하듯이" 했다. 그녀는 성경 훈련학교에 등록하는 학생들뿐 아니라 멀리서 찾아온 여러 선교사들과 방문자들을 따스하게 맞이했다. 성경 훈련학교는 비디와 오스왈드에게 아늑한 집과 같았다.

비디는 대접하는 은사가 있었다. 남들을 섬기는 데 1등이었다. 신체적이든 영적이든 쉼과 재충전이 필요한 사람이 있으면 누구든지 환영했다. 성경훈련대학과 관련한 모든 사람들은 예수 그리스도와의 온전한 관계에 초점을 맞추었으며, 그들의 주님과의 관계는 성경훈련대학에서의 모든 삶에서 자연스럽게 나타나기 시작했다.

1912년 2월 8일, 대학은 설립 1주년 기념식을 치를 수 있었다. 한때 재정난 때문에 문을 닫게 될 위기도 있었지만(일주일도 못 버틸 만큼 재정이 바닥이 난 때도 있었다) 하나님은 언제나 모든 것을 공급해주셨다. 비디는 이러한 신실하신 하나님을 믿고 학생들에게 영양분이 있는 음식을 제공했다.

얼마 되지 않아 비디의 매일의 일과를 도우려는 '가사 일을 돕는 학생들'이 나타나기 시작했다. 이 학생들은 높은 점수를 유지하면서 동시에 학교의 음식 만드는 일과 청소를 도왔다.

학생들은 성경을 배우는 데 정열적이었다. 매일 한 장씩 읽고 요약을 한 후에 주제를 정리했다. 그것이 끝이 아니었다. 학생들은 그들이 깨달은 교훈들을 그들의 삶에 적용해야만 했다.

학생들은 '영적 성공'이라는 것이 얼마나 위험한 덫이 될 수 있는지를 깨닫고 한시라도 방심함이 없이 주님과의 온전한 관계를 통해 사랑으로 예수 그리스도께 순종했다. 이는 그리스도와 함께 하나님 안에 감추어진 생명으로 사는 것이었다.

학생들은 '깨달음을 얻은' 많은 그리스도인들보다 '하나님께 전적으로 모든 것을 내려놓은' 한 생명이 하나님께 훨씬 더 가치가 있다는 사실을 받아들였다. 비디 챔버스도 이와 같은 믿음을 갖고 그녀의 평생과 영원을 그리스도와 함께 살았다.

기도는 모든 사람들에 의해 자주 드려졌으며 하나님께서 학교 전체에 성령을 부어주실 것을 간구했다. 그 결과 학생들은 하나님의 사랑으로 충만해져 있었다. 마치 성령께서 하나님의 사랑의 씨를 학생들의 마음 밭에 뿌리니 마치 그 씨가 싹이 나는 것 같았다. 학생들과 챔버스 부부는 마태복음 6장 33절을 믿고 실천했다.

> "그런즉 너희는 먼저 그의 나라와 그의 의를 구하라 그리하면 이 모든 것을 너희에게 더하시리라."

학생들은 오스왈드와 비디가 산상수훈대로 사는 것을 보았다. 학교에서는 누구든지 언제나 자신을 드러내는 일이 없었다. 가르침은 어떤 특정 교단에 치우친 것들이 아니었다. 오직 성경적이었다. 어떤 관점도 강요하지 않았다. 생각해볼 기회를 제공할 뿐이었다.

아침 일찍 벨이 울리면 학교 전체에 음악 소리가 흘렀다. 그러면 학생들은 강의실로 줄을 지었다. 학생들이 다 모이면 오스왈드 챔버스는 짧은 기도를 드렸다. 그리고 한 시간 강의를 했다. 학생들은 부지런히 받아적었다.

오스왈드는 그들에게 자신이 가진 모든 것을 성령님께 완전히 내려놓으라고 가르쳤다. 그리고 그들에게 필요한 모든 것을 하나님께로부터 받게 될 것을 기대하라고 가르쳤다.

성경훈련대학의 학생들은 하나님께 자신의 삶을 바친 사역자들에게 고통과 손해와 슬픔이 올 것임을 이해하고 받아들였다. 그들은 믿음의 삶을 살기로 자신들을 헌신했다.

하나님을 신뢰하는 것이 마음을 여는 열쇠이다. 하나님을 신뢰할 때 우리는 자신의 삶을 주님께서 원하시는 대로 사용하시도록 주께 맡길 수 있게 된다. 학생들은 점점 더 그리스도를 배워가고 있었다.

"나는 마음이 온유하고 겸손하니 나의 멍에를 메고 내게 배우라 그리하면 너희 마음이 쉼을 얻으리니 이는 내 멍에는 쉽고 내 짐은 가벼움이라 하시니라"마 11:29-30.

그들은 유한한 인간이 무한한 하나님을 다 이해할 수 없다는 것을 배웠다. 오직 하나님의 사랑을 신뢰하기만 하면 충분하다는 것을 배웠다. 세상이 여러 위기의 사건들을 지나는 동안 그들은 예수 그리스도의 신자들로서 서로 사랑하고 조화를 이루는 시간이 얼마나 필요한지를 체험했다. 그들은 자신들이 전 세계로 흩어지게 될 것을 조금도 알지 못했다.

1913년에 터키가 오스만 제국의 행정 관리 지역 중의 하나였던 에드리아노플Adrianople을 내어주는 것을 거절하자 이에 대해 런던에서 평화 협정이 있었다.

모한다스 간디가 2,000명 이상의 인도인들과 함께 법에 투항하다가 감옥에 들어갔다. 이에 대대적인 데모가 발생하게 되었고 경찰은 군중들에게 총격을 가하게 되면서 간디를 지원하던 많은 사람들을 죽이고 사상자를 냈다.

같은 해에 독일의 루트비하스하펜에서는 상업용 암모니아 공장이 대량 생산을 시작했다. 암모니아는 폭탄을 만드는 데 사용될 수 있었다.

성경훈련대학의 벽을 넘기만 하면 세상은 소요 가운데 들어가고 있었다. 그러나 성경훈련대학 내에는 하늘의 평화가 가득 차 있었고 학생들은 강의를 들으며 어떻게 주 예수 그리스도를 위해 사는지를 배우면서 자신들의 모든 것을 주께 맡기고 있었다.

1914년, 성경훈련대학 학생들과 직원들.

기도를 통해 성경훈련대학은 하나님의 임재를 느꼈으며 주님의 손에 있음을 확신할 수 있었다. 사실 오스왈드는 재정 때문에 자신의 얼마 안 되는 마지막 돈을 내놓아야 했다. 오스왈드는 아내에게 어떻게 생각하는지를 물었다. 오스왈드의 멋진 아내 비디는 하나님을 의지하여 그렇게 하자고 동의했다. 그들은 그들이 결정한 대로 학생들에게 공급했다.

히브리서 13장 7절은 영적 지도자에 대해 언급하고 있다.

"하나님의 말씀을 너희에게 일러주고 너희를 인도하던 자들을 생각하며 그들의 행실의 결말을 주의하여 보고 그들의 믿음을 본받으라."

오스왈드와 비디 챔버스는 예수 그리스도를 믿고 순종하는 본이 되었다.

세상의 상황이 급변하고 있었다. 세상은 다가오는 무서운 전쟁 앞에서 뒤뚱거리고 있었다. 얼마 지나지 않아 세상 나라들과 권력들이 전쟁을 치르게 되면서 온 땅의 바닥이 무너질 정도가 되었다.

용암이 신속하게 터져나오는 것처럼, 전쟁은 아무 준비가 되어 있지 않은 세상을 휩쓸어버렸다. 숨어 있는 것이 신자들에게 주어진 선택이 아니었다. 신자들에게는 이제 자신들이 배운 믿음의 교훈들을 실천에 옮겨야 하는 시험이 주어진 것이다.

탐구여정 7

하나님의 사랑이 가득한 공동체

"너희는 마음에 근심하지 말라 하나님을 믿으니 또 나를 믿으라"

요 14:1.

"농담이지요? 캐스린! 성경훈련대학의 첫 번째 학생이 밤에 사라졌다구요? 무슨 일이 발생한 것이지요?"

평소처럼 나는 이른 새벽에 일어나 캐스린과 대화했다. 그래야 런던 시간으로 그녀가 일어나 활동하는 시간이 되었다(사실 별로 나에게는 어렵지 않았다. 그녀와 대화를 나누기 위해서는 어떠한 대가라도 치를 가치가 있다고 생각했기 때문이다. 나는 그녀로부터 아침에 일찍 일어나 생각한 것이 하루 종일 마음에 있다는 것을 배웠다).

"그래요."

그녀가 입을 열었다.

"그렇게 흥미로운 사건은 아니에요."

첫 번째 학생인 A.B.를 위해 얼마나 많은 준비를 했는지 모른다. 오스왈드 챔버스가 직접 상담을 했고 그 학생의 작은 방에는 침대와 새로운 담요와 포근한 베개가 조심스럽게 놓여졌다. 그 방은 클래펌 커먼을 내다보는 좋은 방이었음에도 불구하고 학생은 사라진 것이었다.

클래펌 커먼이 뭐지? 성경훈련대학이 그 근처에 위치하고 있다고 들었을 때 그 단어가 내 마음속에 꽂혀 있었다.

나는 런던 지역에 익숙하지 않았기 때문에 클래펌 커먼이 무엇인지 알 재간이 없었다. 더구나 전화비가 너무 나와서 전화로 캐스린에게 일일이 묻고 확인하는 일은 웬만하면 자제하고 있었다. 그것은 전화를 끊고 나 혼자 찾아보기로 했다.

먼저 학생의 행방불명 사건이 궁금해서 나는 "그래서요, 캐스린!" 하고 전화 통화 중에 계속 물었다.

"그 학생에게 정확하게 어떤 일이 발생한 것인가요? 비디와 오스왈드가 조금이라도 실망하지 않았던가요? 분명히 그 학생을 위한 모든 준비가 다 되어 있었을 텐데요. 침대도 준비되어 있고, 아침도 준비되어 있었을 텐데요."

"제가 말한 것처럼 그렇게 흥미로운 사건은 아니었어요."

캐스린이 대답했다.

"어떻게 된 것이지요?"

갑자기 내 마음속에 성경 구절이 스쳤다.

"미련한 자라도 잠잠하면 지혜로운 자로 여겨지고 그의 입술을 닫으면 슬기로운 자로 여겨지느니라"잠 17:28.

나는 언제쯤 철이 들어 캐스린이 원하는 대로 말하도록 기다릴 수 있을까 내 손으로 입을 막고 있어야겠다는 결심을 했다. 캐스린은 계속 말을 이었다.

"저녁 10시경에 첫 번째 학생이 왔었지요. 어머니는 A.B.라는 분이 학교에 첫 번째 등록을 했고 아버지께서 그분을 받아들였다는 이야기를 해주셨어요. 그런데 한밤중에 그 학생은 그 대학이 자기와 잘 맞지 않는다고 생각했는지 다시 짐을 싸서 떠났답니다. 그리고 그 이후로는 나타나지 않았어요. 그러나 어머니와 아버지는 첫 번째 학생 때문에 조금도 실망하지 않았답니다. 모든 것이 하나님과 그리스도를 위해 그 다음 일을 행할 수 있는 기회였지요."

클래펌 커먼을 알기 위해 지도를 펴고 찾아보았다. 여러 사람들에게 물어보면서 사진을 발견할 수 있었다. 클래펌 커먼은 잔디로 뒤덮여 있고 관리가 잘 되어 있는 200 에어커Acres나 되는 큰 공원이었다. 연못이 세 개나 있고 물고기들이 가득 차 있었다. 매우 멋진 고급 주택들이 공원 주변에 있었다. 성경훈련대학의 학생들은 이 평화

NOTICE.

"All service ranks the same with God."

You are requested to kindly do your part in keeping this room tidy.

If you do not, someone else will have to.

성경훈련대학 기숙사의 유일한 규칙.

스러운 경치를 볼 수 있었던 것이었다.

하나님께서는 성경 훈련학교를 위해 사람들의 생각을 넘어서서 이렇게 멋진 자리를 마련해주신 것이다. 건물은 가장 훌륭하게 내부 장식이 되어 있었다. 높은 천장에는 예술적인 그림이 그려져 있었고 샹들리에와 대리석 기둥, 넓은 방들이 있었다. 각 방들은 24명의 학생에게 숙식을 제공하기에 충분한 크기였다.

꽤 오랜 기간 동안 편지와 전화 통화가 오갔다. 캐스린은 성경훈련대학이 어떠했는지 내게 그림을 보여주는 듯했다.

나의 저 깊은 기억으로부터 희미하게나마 영국 또는 스코틀랜드에서 중세풍의 예배를 드린 기억이 났다. 그때 그 교회의 벽에 "다음 일들을 하라"고 적혀 있었다. 어느 날 그 교회를 찾아봐야겠다는 생각에 재빨리 노트를 펼쳐 메모를 썼다.

"중세풍의 교회를 찾아보고 캐스린에게 물으라."

한편 캐스린은 더 구체적인 정보들을 알려주었다.

"성경훈련대학은 1911년 1월 12일에 설립되어 개교했지요. 나중에 내가 그곳에서 태어났어요. 어떤 특수 교단에 가입되지 않았구요, 성경대로 가르쳤답니다. 사회학과는 분야별로 수업하지 않았어요."

입을 꼭 막고 캐스린의 말을 듣는 동안 나는 그 모든 과정이 하나님의 뜻이고 하나님에 의해 공급되었으며 예수 그리스도를 믿는 신실한 신자들을 통해 성령에 의해 역사하셨음을 깨달을 수 있었다.

내가 예수 그리스도를 믿는 캐스린에게 놀란 것은, 그녀에게 믿음이란 매우 자연스럽다는 점이었다. 그녀에게 기도는 삶과

따로 분리되지 않았다. 전능자에게 말씀드리는 기도는 그녀에게 삶 자체요 힘이었다. 그녀의 설명에 의하면, 그것이 바로 성경훈련대학의 분위기였다.

하나님께서 세상을 창조하시던 때 주님은 우리에게 듣고 순종할 수 있는 능력을 주셨다. 오스왈드는 기도를 '내면적 사역'이라고 불렀는데, 그에 따르면 기도란 우리를 향한 하나님의 위대한 사랑을 확신하는 가운데 모든 장애를 극복하는 것이다.

캐스린은 내게 믿음의 주요 생활은 하나님의 선하심을 믿고 그분의 사랑 가운데 살아가는 삶이라는 것을 그녀의 삶을 통해 가르치고 있었다. 그녀는 자신과 다른 사람들을 향한 하나님의 사랑을 결코 의심하지 않았다.

성경훈련대학은 멋진 건물 이상이었다. 그 대학은 주님께 속한 우리 각자를 위해 주께서 친히 장소를 예비하기 위해 가신 하늘나라에 들어갈 수 있는 길을 지시하는 항구였다.

학생들은, 무엇보다 예수 그리스도를 가장 사랑한다는 의미는 주님과 일치되는 것임을 배웠다.

> "내가 그리스도와 함께 십자가에 못 박혔나니 그런즉 이제는 내가 사는 것이 아니요 오직 내 안에 그리스도께서 사시는 것이라 이제 내가 육체 가운데 사는 것은 나를 사랑하사 나를 위하여 자기 자신을 버리신 하나님의 아들을 믿는 믿음 안에서 사는 것이라"갈 2:20.

그들은 산을 옮길 만한 믿음이란 예수님께서 십자가 상에서 기꺼이 자신을 내어놓을 수 있을 만큼 하나님을 향한 믿음을 의미하며 주님께서 가지셨던 바로 그 믿음을 우리가 자유롭게 받게 된 것을 깨달았다.

성경훈련대학의 분위기는 성령으로 가득 차 있었다. 캐스린은 내게 하나님을 신뢰한다는 것은 성령의 능력을 믿는 믿음을 실현하는 것임을 계속 보여주었다. 하나님을 아는 유일한 비결은 의무감 때문이 아니라 사랑 때문에 예수 그리스도에게 순종하는 것임을 가르쳐주었다요 14:6-20.

만일 성경훈련대학에서 학생들이 보는 것이 아닌 믿음으로 하나님의 계획을 따르는 것에 대해 두려움을 표현하면 그들은 당장 "할 수 있거든이 무슨 말이냐"는 말씀을 들어야 했다. 그 말씀은 마가복음 9장 23절을 참조한 것으로서 예수님께서 병든 아들의 아버지에게 말씀하시는 내용이었다.

"예수께서 이르시되 할 수 있거든이 무슨 말이냐 믿는 자에게는 능히 하지 못할 일이 없느니라."

매일 믿음을 실천해야 하는 성경훈련대학에서 "할 수 없다"는 단어는 전혀 통용되지 않았다. 성경훈련대학은 매일 믿음을 실천할 수 있는 환경을 마련해 주었다. 의심과 염려는 그곳에서 있을 수 없었다.

한번은 존 웨슬리가 이러한 말을 했다.

"저주와 맹세를 하지 않듯이 나는 염려와 짜증을 내지 않겠다."

오스왈드는 "나는 염려하기를 거절한다"고 말하곤 했다.

캐스린은 내게 하나님의 자녀가 염려하고 걱정하는 것은 불순종임을 알려주었다. 그러므로 상황이 어떠하든 우리는 하나님의 말씀을 믿어야 한다. 비록 한밤중에 첫 번째 학생이 학교를 떠났어도 성경훈련대학은 유명해졌고 각광과 존경을 받는 학교가 되었다.

7장

보금자리를
예수 그리스도의 터 위에 세우다

비디 챔버스는 이집트에서의 삶이 간신히 살아남기도 힘든 삶이라는 충고를 들었어도 정작 아무 준비를 하지 않았다. 숨이 막히는 태양열, 잔인한 모래 바람, 더러운 벌레들…. 비가 올 때는 폭포처럼 쏟아지는 바람에 침대와 식탁과 의자들이 물이 잠겼다. 그리고 모래더미가 물살에 흘러다니면서 모든 물건들에 밀가루처럼 붙었다. 사막은 사람이 살기에는 극단적으로 열악한 상황이었다.

1915년 12월, 챔버스 부인과 어린 캐스린이 이집트에 도착했다. 그들 옆에 성경훈련대학의 학생이었던 매리 릴리가 함께했다. 물론 성경훈련대학은 전쟁으로 인해 폐교했다. 군사기지인 자이툰은 카이로에서 7마일 정도 떨어져 있었다.

내 마음의 눈에 1차 세계대전의 현장을 첫 번째로 겪게 되는 비디의 모습이 보였다. 그곳에서 비디가 보게 된 것은 열린 사막을 향해 펼쳐져 있는 방대한 군사기지였다. 길게 나열된 군인들의 텐트는 끝이 보이지 않았다. 뜨거운 태양 아래에 아직 꺼지지 않은 캠프파이어가 즐비했다. 그 광경에서 가장 놀라운 장면은 전선으로 보내지게 될 끝없이 많은 군인들의 모습이었다.

'청년들이 이런 곳에 있다니.'

비디는 오스왈드와 함께 기지를 돌아보며 생각했다. 군인들은 항상 여럿이 함께 다녔으며 캠프파이어 주변에 모여 있거나 혹은 모래 바닥에 앉아 있었다. 그들의 얼굴에는 전쟁으로 인한 긴장이 가득 차 있었고 실제 나이보다 훨씬 들어 보였다. 태양에 그슬린 피부와 푹 파인 볼은 형편없는 음식과 모자란 잠을 말해주었다.

응급차가 항상 대기 상태로 있었다. 언제든지 환자를 병원으로 옮기는 데 사용되든지 다시 집으로 돌아가기를 원하는 여성들을 위해 사용되었다. 응급차는 오토바이처럼 생겼지만 트럭처럼 자동차 바퀴와 타이어를 보호하는 덮개가 있었다. 앞쪽에 유리만 있고 뒤에는 앉을

1916년 막사와 방갈로가 있는 자이툰. 이집트 총사령관 2층에서 찍은 사진.

자리만 있었지 양 옆으로는 다 틔어 있었다. 그래서 바람과 모래가 탑승객의 얼굴을 때렸다. 머리 위에는 나무로 지탱되어 있는 차양이 있었다. 응급차를 타고 병원에 가는 것은 환자에게는 끔찍한 고통이었다.

"우리 집이야."

오스왈드는 방갈로를 보여주면서 조용하게 아내와 딸에게 말했다. 그녀를 기다리고 있던 집은 방갈로로 되어 있는 작은 공간이었다.

"정말 멋지네요."

그녀는 남편을 격려하기 위해 미소를 띠면서 웃음을 보였다.

방갈로는 작전기지 내에 모래를 쌓아서 그 위에 만들어져 있었다. 많은 사랑과 기도, 그리고 물질과 기금이 마련되어 그나마 챔버스 가족을 위한 방갈로가 준비되었던 것이다.

그러나 가장 중요한 것은 그 집은 예수 그리스도의 터 위에 세워진 집이었다는 사실이다.

"그러므로 주 여호와께서 이같이 이르시되 보라 내가 한 돌을 시온에 두어 기초를 삼았노니 곧 시험한 돌이요 귀하고 견고한 기촛돌이라 그것을 믿는 이는 다급하게 되지 아니하리로다"사 28:16.

캐스린은 아버지와 함께 있을 수 있기 때문에 행복했다.

"보세요, 우리의 '하나님이 주신 작은 꽃' 이 얼마나 기뻐하는지요."

비디는 덩달아 기분이 좋아졌다.

자이툰의 방갈로 밖에 모인 사람들. 비디는 사람들에게 식사와 차를 대접하기를 "주께 하듯"했다.

아내와 캐스린이 너무나 사랑스럽고 자랑스러워서 오스왈드는 당장 YMCA 막사로 가족들을 데리고 가서 소개했다.

막사의 바닥은 사막의 모래였다. 꽤 큰 건물인데 한쪽으로는 강당이 있었고 다른 한쪽으로는 사무실들이 있었다.

계속 웃음을 머금으면서 오스왈드는 아내에게 모래로 가득 찬 기지로 안내했다. 그 기지에는 파리, 모기, 차량, 텐트, 장작불로 가득 차 있었다. 그 모든 것이 자신의 생명이 끝나든지 아니면 전쟁이 끝나기만을 기다리고 있었다.

"비록 다른 사람들은 믿지 않더라도 하나님께는 모든 것이 가능하지. 이렇게 우리 가족이 함께 있잖아."

오스왈드는 아내에게 행복한 표정으로 말했다.

비디가 제일 먼저 극복해야 할 장애는 모래였다. 계속 쌓이는 모래는 정신적으로 정말 힘든 난관이었다. 모래로 인해 피곤, 낙망, 지연, 계획의 포기 등이 야기되었다. 그러나 비디는 환경을 초월하는 하나님의 평강을 누릴 준비가 되어 있었다. 어떠한 상황에서도 하나님께서 주시는 힘을 발견했다느 8:10.

자이툰 사람들에게 기쁨과 웃음을 준 캐스린. 우편 취급 막사의 쪽마루에 앉아 있다.

비디는 힘차게 일을 맡기 시작했다. 그녀는 릴리와 함께 놀라울 정도의 활력을 가지고 새로운 삶을 맞아들였다. 그들은 불평하지 않았다. 모든 상황을 용기를 가지고 임했고 다시 마음을 가다듬고 주어진 일에 최선을 다했다. 주께 헌신한 오스왈드와 비디 부부는 우연하게 보이는 모든 상황과 사건들을 하나님의 손길로부터 온 것으로 받아들였다.

"우리가 알거니와 하나님을 사랑하는 자 곧 그의 뜻대로 부르심을 입은 자들에게는 모든 것이 합력하여 선을 이루느니라"롬 8:28.

어린 캐스린은 어머니를 본받아 주변 사람들에게 기쁨을 가져다주었다. 캐스린의 행복한 웃음은 주변 상황과는 극단적인 대조를 이루고 있었다.

비디는 곧 성경훈련대학으로부터 도움의 손길이 올 것을 기대하고 있었다. 정부로부터 특별히 군대지원 허락을 받기만 하면 당장 이곳으로 와서 비디를 도울 수 있었다.

오스왈드는 영국 및 스코틀랜드 군인들뿐 아니라 오스트레일리아 및 뉴질랜드 군인들과도 함께 일하게 되었다. 그들 중 대부분이 수에즈 운하를 지키기 위해 갈리폴리 및 다른 전선에 직접 나가게 되는데, 나가기만 하면 반 이상은 돌아오지 못했다.

이들을 섬기는 것은 쉬운 사역이 아니었지만 오스왈드는 주님을 바라보며 꾸준하게 앞으로 나아갔다. 한편 군인들은 본부로부터 공격 명령을 받기만을 기다리고 있었다. 오스왈드는 모든 짐을 하나님께 맡길 때 멍에와 짐이 가벼워지는 것을 믿었다. 그는 믿음을 삶으로 그대로 실천했다. 그의 소망인 예수 그리스도는 절대로 실패하지 않으실 것이다. 영적 승리는 확실했다.

오스왈드는 성경훈련대학에서 가르칠 때 사용했던 성공적인 방법을 조심스럽게 사용하면서 군인들을 가르치기 시작했다. 매일 밤마다 칠판에 교훈의 핵심 요약을 꼼꼼하게 적어놓았다. 사람들은 노트 필기를 했다.

오스왈드가 십자가의 빛 가운데 있는 구속의 실체를 그들에게 가르쳤을 때 그들은 거룩한 땅에 서 있게 되었다. 그들이 겪는 고난은 오히려 그들의 영적인 눈을 열어주었다. 이러한 고난이 없었다면 자신들의 존재에 대해 이만큼 심각하게 고려하지 못했을 것이다.

자연스럽게 젊은 군인들은 오스왈드가 YMCA 막사에서 가르치는 강의를 듣기 위해 모였고 그 시간을 기다리게 되었다. 군사기지에서 믿는 척하는 것은 통하지 않았다. 고통, 눈물, 그리고 생명을 잃을 가능성이 그들 앞에

군병들은 매일마다 오스왈드가 큰 칠판에 써 놓은 그날의 말씀을 보면서 지나가게 된다.

언제나 놓여 있었다. 사도 바울이 죄수들에게 복음을 전할 때처럼, 그리고 베드로가 그리스도의 십자가의 메시지를 나눈 것처럼, 오스왈드에게는 영원한 가치가 아닌 것은 중요하게 생각되지 않았다. 그곳에 있는 모든 영혼들이 위험 앞에 서 있었다. 그들은 그 사실을 코앞에서 느낄 수 있었다.

전에 교양 정도로 종교를 가지고 있었던 사람들도 불확실하고 지루하고 긴장이 계속 감도는 이곳에서 예수님과 인격적인 관계를 발견하게 되었다. 전쟁은 세상을 바꾸었다. 사람들은 회복이 불가능한 불구자들이 되었고 전혀 사회에서 쓸모없는 사람들이 되기도 했다. 그러나 고통은 생명으로 향하는 문을 열었다. 과거로 돌아갈 수는 없어도 하나님은 그리스도의 십자가의 구속을 통해 누구든지 예수님께 나아오는 사람들에게 새로운 미래와 더 나은 장래를 약속하셨다. 절름발이를 걷게 하시고 눈먼 자를 보게 하셨던 그분은 사람들에게 영생을 주시는 분이셨다.

하나님의 말씀은 절대로 헛되이 돌아오지 않는다.

> "이는 비와 눈이 하늘로부터 내려서 그리로 되돌아가지 아니하고 땅을 적셔서 소출이 나게 하며 싹이 나게 하여 파종하는 자에게는 종자를 주며 먹는 자에게는 양식을 줌과 같이 내 입에서 나가는 말도 이와 같이 헛되이 내게로 되돌아오지 아니하고 나의 기뻐하는 뜻을 이루며 내가 보낸 일에 형통함이니라 너희는 기쁨으로 나아가며 평안히 인도함을 받을 것이요 산들과 언덕들이 너희 앞에서 노래를 발하고 들의 모든 나무가 손뼉을 칠 것이며"사 55:10-12.

⊛ ⊛ ⊛

탐구여정 8

⊛ ⊛ ⊛

은은한 하늘과 놀라운 별들,
그리고 포도

"그들이 눈물 골짜기로 지나갈 때에 그에 많은 샘이 있을 것이며 이른 비가 복을 채워주나이다"시 84:6.

1995년 북미 시간으로 새벽 3시였다. 나는 캐스린이 전화 받기를 초조하게 기다리며 손가락으로 책상을 두드리고 있었다. 그녀에게 물어보아야 할 중요한 질문이 있었다.

"보통 두 번째 벨이 울리면 전화를 받던데…. 네 번째 울리는 건데."

나는 혼잣말을 했다. 이어지는 수화기 드는 소리.

"아, 캐스린! 계셨네요."

나는 내 목소리 톤이 올라가는 것을 막을 수 없었다.

"그래요."

그녀가 대답했다. 조금 놀란 기색이었다.

"어쩐 일로…."

"죄송해요. 갑자기 뭐가 생각이 나서 전화를 꼭 하고 싶었어요. 당신 의견이 필요하거든요. 아무튼 저는 참을성이 전혀 없는 것 같아요."

"말씀하세요."

그녀는 부드럽게 답변했다. 나는 목을 가다듬고 말했다.

"지난 번 우리 대화에 대해 생각을 계속하고 있는데요. 들의 백합과 하늘의 별들, 그리고 하나님께서 우리가 생각하는 것보다 얼마나 훨씬 더 우리를 사랑하시는지."

"그래요. 저, 웃고 있어요."

그녀는 대답했다.

"좋아요. 몇 분 안 걸릴 거예요."

"괜찮아요."

그녀는 밝게 웃었다.

"마태복음 6장 28절을 보면 예수님께서 왜 입을 옷을 걱정하느냐고 하시잖아요. 들의 백합화를 보고 어떻게 자라는지를 보라고 하시지요. 일도 하지 않고 길쌈도 하지 않아도 옷을 입는다고 하는데, 그것이 첫 번째 생각이에요."

나는 그녀의 답변을 기다렸지만 그녀는 대답하지 않았다.

"두 번째 생각은 하늘의 별들이에요. 제 말 들리세요?"

"그럼요, 들리지요. 계속하세요."

캐스린은 언제나 상냥했다.

"어머니께서는 주님의 이 말씀을 어떻게 이해하셨지요?"

나는 그녀가 숨을 가다듬는 것을 느낄 수 있었다.

"어머니는 돈에 대해 염려해서는 안 된다고 생각하셨어요. 그 이유는 하나님께서 언제나 준비해 주시니까요. 어머니는 만일 그런 식으로 걱정하고 남들에게 돈 걱정을 말하면 영적으로 궁핍하게 된다고 말씀하셨지요. 그 이유는 하나님께서 들의 백합도 먹이시는데 자녀들을 먹이시지 않을까 의심하기 때문이지요. 성경의 그 장의 나머지 부분을 읽어보셨나요?"

"알았습니다. 잠깐만요."

재빠르게 성경을 찾아서 나머지 부분을 크게 읽었다.

"그러나 내가 너희에게 말하노니 솔로몬의 모든 영광으로도 입은 것이 이 꽃 하나만 같지 못했느니라. 오늘 있다가 내일 아궁이에 던져지는 들풀도 하나님이 이렇게 입히시거든 하물며 너희일까보냐 믿음이 작은 자들아. 그러므로 염려하여 이르기를 무엇을 먹을까 무엇을 마실까 무엇을 입을까 하지 말라마 6:29-31. 그런데 어떻게 당신 어머니는 그렇게 할 수 있었지요?"

캐스린은 차분하게 마치 어머니가 어린 자녀를 대하듯 "어떻게"에 대해 나에게 설명했다.

"어머니는 돈 문제를 하나님께 말씀드렸어요. 그러면 하나님은 언제나 공급하셨어요. 어떤 때는 깜짝 놀랄 방법으로요."

"어떤 방법이지요?"

나는 이미 그녀의 대답이 무엇인지 알고 있었기 때문에, 숨도 쉬지 않고 그 다음 주제로 넘어갔다.

"아무튼, 별이 정확하게 어떻게 행동하나요? 제 말은 별은 빛을 내지요? 그렇지요? 그렇다면 우리의 삶도 이 세상에서 예수 그리스도의 빛을 발해야 하겠지요? 그렇지요?"

"조금 천천히 말하세요, 내 친구분."

캐스린은 서두르는 나를 가로막았다.

나는 그녀가 "친구분"ducks이라고 말할 때의 그 발음이 좋았다. 그녀는 언제나 그녀의 어머니를 "나의 나이 드신 소녀"My Old Girl라고 부르곤 했다. 나는 책상 의자에 편안하게 앉은 후에 그녀의 지혜의 답변을 기다렸다.

"들의 백합화는 우리를 위한 하나님의 사랑을 보여주고 있지요. 반면 하늘의 별들은 하나님의 영광을 나타낸답니다. 그 모습 그대로요. 당신이 밤에 별을 보면, 별의 은은한 느낌이 당신의 영혼을 감쌀 거예요. 부모님이 이집트에서 별을 볼 때 특별히 그러한 느낌을 가질 수 있었지요."

그 후 그녀는 이렇게 설명했다.

"아버지는 별들이 이 세상의 복잡한 사건들과 관계없이 자기에게 맡겨진 일을 충실하게 감당하면서 차분하게 존재한다고 믿으셨어요. 성경이 이에 대해 저보다 더 잘 표현하지요. '하늘이 하나님의 영광을 선포하고 궁창이 그의 손으로 하신 일을 나타내는도다.'"

"오, 저도 그 구절을 좋아한답니다. 시편 19편 1절이지요. 그렇지요?"

"그럴 거예요."

캐스린은 차분하게 대답했다. 그리고 지치지 않고 말을 이었다.

"사막에서의 삶은 군인들에게 너무 조용하고 단조로웠지요. 그럼에도 이른 아침은 하루의 평강을 축복하는 위대한 순간들이었다고 해요. 그 이유는 해가 돋을 때 하나님의 약속을 기억나게 하듯 화사한 빛으로 가득 찼거든요. 하루가 어떻든 하나님이 함께하실 것을 아침마다 확신할 수 있었지요."

캐스린은 조금 쉼을 가진 후 계속해서 말을 이었다.

"밤의 별들은 나의 어머니와 아버지께 하나님의 시간을 기억나게 하셨어요. 우리에게는 시간이라는 요소가 있지만, 하나님께는 시간이라는 개념을 초월하고 계시지요. 그분의 무한한 능력과 지혜를 생각해보세요. 사막의 하늘 아래에서 찬란하게 빛나는 별들은 사람들의 염려와 조급함과 자랑거리들을 별로 중요하지 않게 여기게 만들었지요. 사막에서 하나님은 매우 가깝게 느껴졌어요. 하나님은 아마 지금도 거기 계실 거예요. 주님은 지금도 계시며 과거에도 계셨고 미래에도 계실 거예요."

"캐스린, 사막이 기억나세요?"

"기억이 잘 안 나요. 그러나 어머니가 사막에 대해 많은 말씀을 해주셨기 때문에 머릿속에 떠올릴 수 있지요."

캐스린의 말을 듣다보면 내 영혼이 평안해졌다. 현대의 매일의 삶 속에서 너무나 중요하게 보이는 것들이 전혀 중요한 것이 아님을 깨달았다. 사람들이 오늘날 그렇게 번잡하고 복잡하게 살며 끊임없이 다투는 이유는 자신들에게 너무나 마음이 쏠려 있어서 그러하다. 내가 애완견 쿠키에게 "이 땅의 일이 중요하든 말든!"이라고 말했더니 그 작은 개는 조용히 내 침대로 가더니 잠이 들었다.

흔들의자에 앉아 창문 너머로 밖을 보니 동트는 새벽의 모습이 한 폭의 그림 같았다. 하나님의 말씀이 마음속에 맴돌았다.

> "이 세상 지혜는 하나님께 어리석은 것이니 기록된바 하나님은 지혜 있는 자들로 하여금 자기 꾀에 빠지게 하시는 이라"고전3:19.

이제 거의 낮이 되었기 때문에 나는 쿠키를 데리고 산책을 나갔다. 태양 빛 때문에 별들의 은은함을 찾아볼 수 없었다. 뜨거운 태양열은 마치 내가 사막에 있다는 착각을 하게 했다. 그럼에도 내 영은 하늘의 커다란 평안으로 가득 차 있었고 내 마음에는 아무 걱정도 두려움도 초조함도 사라지고 없었다.

갑자기 쿠키가 있는 목청을 다해 짖기 시작했다. 깜짝 놀라서 내 작은 강아지를 안고 집안으로 들어왔다.

"쿠키, 너 옆집에 곰이 있는 것 모르니?"

그 말을 하고 나서 나는 크게 웃었다. 곰이 두렵다는 말인가? 믿음이 없는 내 모습을 보는 듯했다. 하나님은 곰보다 크시다. 도대체 언제쯤 되어야 나는 이 사실을 깨달을 수 있을까?

캐스린은 하나님 안에 거하는 것은 적어도 매 시간마다 1분 이상 하나님을 생각하는 것이라고 말해주었다. 나중에 나는 집안 일들을 하면서 하나님의 말씀을 마음속에 떠올렸다. 그 말씀들을 실천에 옮기고 싶었다. 하나님께서 주의 말씀들을 나의 삶 가운데 실제가 되게 하실 것을 믿었다. 나는 캐스린과 대화를 나누었던 내용들을 메모지에 적어 냉장고 문에 붙여놓았다. 냉장고를 열고 닫을 때마다 그 내용들을 기억하고 싶었다.

"또 너희가 어찌 의복을 위하여 염려하느냐 들의 백합화가 어떻게 자라는가 생각하여 보라 수고도 아니하고 길쌈도 아니하느니라 그러나 내가 너희에게 말하노니 솔로몬의 모든 영광으로도 입은 것이 이 꽃 하나만 같지 못했느니라 오늘 있다가 내일 아궁이에 던져지는 들풀도 하나님이 이렇게 입히시거든 하물며 너희일까보냐 믿음이 작은 자들아 그러므로 염려하여 이르기를 무엇을 먹을까 무엇을 마실까 무엇을 입을까 하지 말라 이는 다 이방인들이 구하는 것이라 너희 하늘 아버지께서 이 모든 것이 너희에게 있어야 할 줄을 아시느니라 그런즉 너희는 먼저 그의 나라와 그의 의를 구하라 그리하면 이 모든 것을 너희에게 더하시리라 그러므로 내일 일을 위하여 염려하지 말라 내일 일은 내일이 염려할 것이요 한 날의 괴로움은 그날로 족하니라"마 6:28-34.

이틀 후에 나는 캐스린과 통화를 하게 되었다.

"캐스린, 지난 번에 내게 너무나 귀한 것들을 가르쳐 주셨어요. 아직도 그 내용들을 생각하고 있답니다."

"당신은 언제나 똑같네요. 항상 배우는 것 같아요."

캐스린은 유머를 담고 웃으며 말했다.

"오늘은 무엇에 대해 생각하나요?"

"포도요."

"포도?"

"네, 포도요. 포도가 된다는 것이 무엇인지 생각하고 있었어요."

"먼저 잠깐 자리에 앉겠습니다."

"그래요. 아무튼, 당신 어머니와 아버지는 우리가 다른 사람들의 영양분이 되기 위해 '찢겨진 빵과 부어진 포도주' 처럼 되어야 한다고 가르쳤지요."

"그렇지요."

"그래서 포도가 된다는 것이 무엇인지 생각하고 있었어요."

"포도가 된다…."

캐스린은 내 말을 따라하고 있었다.

"그래요. 저는 포도에 대해 연구하고 있구요, 포도를 재배하는 전문가들에게 여러 질문도 했답니다. 이제 요약을 할 수 있을 것 같아요."

"그렇군요."

"첫째, 조그마한 눈(봉우리)이 포도 덩굴에서 나타나더니 포도나무 잎 주변으로 약간씩 올라오지요. 포도넝쿨은 여전히 강하고 영양분을 주며 포도집을 만들 수 있기 때문에 눈이 나뉘어도 좋다고 해요. 그 다음에 작은 눈은 바람과 비를 맞지요. 그 후 포도를 자라나게 하는 비결은 넝쿨 주변의 벌레들을 제거해주고 땅에는 냄새나는 비료를 뿌려주는 것이지요. 이 내용이 충격적이었어요. 아무튼 그 다음에는 잡초를 뽑고 가지치기를 해주지요."

나는 계속 말을 잇기 전에 캐스린이 잘 듣고 있는지 그녀의 숨소리를 확인했다. 그녀는 잘 듣고 있었다.

"그 다음에는 할렐루야지요. 작은 눈이 나오면서 포도로 변하는 거예요. 모든 것이 잘된 것이지요. 듣고 계세요, 캐스린!"

"잘 듣고 있어요."

"좋아요. 이 부분은 좋은 이야기는 아니예요. 작은 포도가 풍성하게 익으려면 공기와 햇볕과 환경이 필요하다고 해요. 그 다음에 포도 재배하는 사람들이 오지요. 그들은 포도를 떼어내서 광주리에 넣어요. 그리고 어디론가 가져갑니다. 이때 포도 입장에서는 비참한 것이지요. 그 후 물로 닦여진 후에 짓이겨져서 죽게 돼요!"

캐스린은 계속 전화기를 들고 있었다. 이번에 그녀는 국제 전화가 얼마나 비싼지 내게 귀띔하지 않았다.

"마침내, 캐스린! 좋은 소식이 있어요. 그래서 전화했지요."

"뭔데요?"

"그 포도가 어디서 마쳐지는지 추측해보세요."

"어디지요?"

"주님의 식탁이랍니다! 너무 멋지지 않아요? 그래서 포도가 된다는 것은 좋은 포도주가 되기 위해 여러 고통과 짓이겨지는 아픔을 의미하지만 결국 주님의 식탁에 올려지는 영광이 되는 것이지요!"

"교훈이 뭐지요?"

"바로 이 교훈을 나누려고 이렇게 아침부터 서둘러서 전화를 한 것이랍니다. 제가 볼 때는 포도는 선택권이 없어요. 그러나 우리는 있지요. 우리가 만일 하나님의 다정하신 돌보심 가운데 작은 포도가 되기를 선택한다면, 하나님께서는 반드시 우리를 사용하셔서 다른 사람들에게 영양분을 제공하실 거라는 점이지요. 그러나 우리에게 있어서 그 과정은 고통과 슬픔이라는 대가를 치러야 하는 것이구요."

"계속하세요. 아주 흥미롭네요."

캐스린은 말을 덧붙였다.

"요점은 하나님께서는 우리에게 포도가 되도록 강요하지 않으신다는 점이에요. 즉, 예수님께서 하셨듯이 우리가 하나님을 사랑하고 섬기기를 선택해야 하지요. 만일 우리의 삶을 주께 내어맡기면 우리는 예수님처럼 주의 영광으로 변화하게 될 거예요."

"당신이 질문하려는 것은…?"

"그래서, 당신의 아버지와 어머니가 포도처럼 살았고 당신도 포도처럼 살고 있는데 그 의미는 당신 개인에게뿐 아니라 포도와 접하게 되는 모든 사람들에게 영광이 될 것이라는 의미랍니다. 저는 이 이론을 지지할 만한 성경 구절도 찾았지요. 바로 베드로전서 5장 10절이랍니다. '모든 은혜의 하나님 곧 그리스도 안에서 너희를 부르사 자기의 영원한 영광에 들어가게 하신 이가 잠깐 고난을 당한 너희를 친히 온전하게 하시며 굳건하게 하시며 강하게 하시며 터를 견고하게 하시리라.'"

바로 그때, 캐스린의 애완견 레이디가 밖에 나가야 했다. 물론 개들의 생리 현상은 막을 길이 없다. 아무튼 우리는 다음을 기약하며 전화를 끊었다.

그 다음날 연구를 하고 있는데, 캐스린과 대화를 끊는 순간 그녀가 알려준 찬송이 생각났다. 이 찬송은 오스왈드와 비디 챔버스가 경험한 은은한 하늘과 놀라운 별들을 묘사하고 있다.

고요히 주님과 함께 자줏빛 아침이 동틀 때,
새가 잠을 깨고 어두움은 물러간다.
아침보다 아름다우시며 대낮보다 사랑스러우신 분,

향그러운 느낌과 함께 나는 주님과 함께하네.
주님과 함께, 신비한 그늘 가운데,
웅장한 자연이 조용하게 새롭게 태어난다.
주님과 함께, 숨도 쉴 수 없는 앙망 가운데,
신선한 아침과 맑은 이슬이 노래를 한다.

새벽이 되면 잔잔한 바다같이
새벽 별은 쉬러 들어가고
주님의 고요함이 나의 가슴의 물결 속에
흔적을 남긴다.

고요히 주님과 함께 매번 새로운 아침처럼,
신선하고 웅장한 화려함이 여전히 남아 있네.
내 마음은 깨어 매일 아침 주님과 천국을 향해
숨을 쉰다네.

내 영혼이 수고와 피곤에 지쳐 가라앉을 때,
기도 가운데 나의 눈은 주를 바란다.
그 날개 그늘 아래 안식하는 것은 어찌 그리 달콤한지.
그 향긋함은 더욱 나로 주님을 깨우며 주를 찾게 한다.

영원토록 밝은 아침이어라.
내 영혼아 깨어라. 삶의 그늘이 달음질쳐 도망간다.
새벽 동틀 때, 그 모습보다 더 아름다운 그 시간에,

나는 주님과 함께하네, 영광스러운 생각이 살아난다네.

캐스린으로부터 그 다음 전화와 편지를 기다리는 동안 나는 비디 챔버스가 '포도의 삶'을 살기 위해 어떠한 과정을 지났는지 더 알아보기로 다짐했다. 나는 그녀가 나뿐 아니라 예수 그리스도를 매일 따르기를 원하는 수많은 여성들에게 롤모델이라고 확신했다. 비디처럼 사는 것이 쉬울까? 나는 쉽지 않다는 것을 알고 있었다. 그녀는 어떻게 그러한 삶을 살아낸 것일까? 나는 여러 자료들을 훑어보면서 궁금해했다.

캐스린이 전에 내게 보내준 정보들 외에 내가 스스로 한 연구는 사막에서 비디 챔버스를 기다리고 있는 삶의 여건들을 더 잘 이해할 수 있도록 도와주었다.

인내심을 가지고 나는 캐스린과의 통화를 기다렸다. 그녀가 전화를 받았을 때 나는 그녀에게 다른 질문을 했다.

"캐스린, 아버지가 군인기지로 설교하러 가시면 어머니는 무엇을 하셨나요?"

침묵이 흘렀다.

"캐스린, 들리세요?"

나는 밝은 목소리를 기다렸다. 그러나 아무 말도 없었다. 그러자 교환원의 소리가 들렸다.

"전화가 끊어졌습니다. 다시 전화하시기 바랍니다."

슬프게도 나는 수화기를 내려놓았다.

"국제 전화를 하다보면 이런 일이 종종 있기는 하지."

나는 나 자신을 위로하며 크게 말했다.

캐스린과의 통화가 갑자기 끊어진 며칠 후, 나는 다시 전화를 했다.

"지금 시대가 1997년인데 이렇게 전화가 불통이래서야…."

나는 교환원이 전화를 이어주기를 기다리는 동안 짜증을 냈다. 나는 전화 교환원에게 지금보다는 연기로 시그널을 알리고 깡통에 선을 연결하여 사용하던 때가 훨씬 좋겠다고 투덜거렸다. 나는 초조하게 기다렸다. '캐스린이 잘 지냈을까? 왜 나의 마지막 전화에서 대답하지 못했을까?'

그때 전화에서 "캐스린 챔버스 씨와 일대일로 통화를 하시겠습니까? 챔버스 씨, 맞지요?" 하는 소리가 들렸다.

"네."

곧이어 캐스린의 반갑고 익숙한 목소리가 내 귀에 들렸다. 나는 즉시 소리쳤다.

"캐스린!"

"오랜만이네요."

"그래요. 걱정 많이 했는데…. 당신 없이 어떻게 이 작업을 할 수 있겠어요?"

"내 친구분, 실제로 하나님을 신뢰하는 것을 배워야 하겠군요."

캐스린은 내 생각을 고쳐주었다. 그러나 그녀의 목소리에는 나를 향한 사랑과 애착이 스며 있었다.

"하나님께서는 당신에게 뭔가 할 일을 주신 후에는 그 일이 엉망이 되도록 당신을 떠나시는 일이 없지요. 히브리서 13장 5-6절의 말씀을 기억해보세요."

"알겠습니다. 죄송해요. 이제 괜찮아요. 전화를 내려놓으면 바로 그 구절들을 찾아보도록 하지요."

하늘 아버지만을 온전하게 의지하는 캐스린의 자세는 언제나 사람들에게 도전을 주는 가운데 그 믿음이 전염되었다.

"캐스린, 당신에게 묻고 싶은 것은 바로 이거였어요. 아버지가 병영으로 설교하러 가신 동안에 어머니는 무엇을 하셨나 하는 것이지요."

"오, 좋은 질문이에요. 편지로 보내드리면 어떨까요? 전화로 이야기하기에 너무 길 것 같아서요."

"좋은 생각입니다. 고맙습니다. 캐스린! 기다릴게요."

나는 런던에서 올 편지를 기다리는 동안 히브리서 13장 5-6절을 찾아보았다.

> "그가 친히 말씀하시기를 내가 결코 너희를 버리지 아니하고 너희를 떠나지 아니하리라 하셨느니라 그러므로 우리가 담대히 말하되 주는 나를 돕는 이시니 내가 무서워하지 아니하겠노라 사람이 내게 어찌하리요."

캐스린은 철저하게 하나님을 신뢰했다. 나는 그녀를 본받아 배워야 했다. 그녀는 하나님의 말씀을 믿었다. 하나님은 신실한 분이심을 믿은 것이다.

캐스린도 언제나 자신의 약속을 지켰다. 얼마 되지 않아 나의 질문에 대한 캐스린의 편지가 도착했다. 내가 궁금해했던 질문 중에는 어떻게 비디 챔버스가 긴 치마를 입고 땀이 절로 흐르는 그곳에서 그 모든 일들을 감당했을까 하는 것이었다. 어떻게 눈에 모래가 들어가는 것을 막았을까 하는 것이었다. 이에 대한 캐스린의 답변을 바탕으로 1917년으로 돌아가보자.

8장

세계로 뻗어가는 강력한 메시지

"피조물이 고대하는 바는 하나님의 아들들이 나타나는 것이니"롬 8:19.

"엄마, 보세요! 저 당나귀를 탔어요."

네 살짜리 어린 캐스린이 오스트레일리아 군인들이 그녀에게 선물로 사준 당나귀에 앉아 으스대고 있었다. 비디 챔버스는 그 모습을 보고 기뻐서 박수를 쳤다. 한편 오스왈드는 당나귀가 어떻게 행동하는지 유심하게 보았다. 그러나 캐스린은 조금도 염려하지 않았다. 아빠와 엄마가 곁에 있으니 부모님만 철저하게 신뢰하고 있었던 것이다.

비디 챔버스는 동물들을 좋아했다. 그래서 챔버스의 가정에는 동물들이 여럿 있었다. 토끼, 고양이, 거북이, 도마뱀, 카멜레온, 비둘기, 공작새 등. 비디는 그 동물들을 '캐스린의 동물원'이라고 부르고 누구든지 따뜻하게 환영했다. 캐스린의 어린 시절은 동물들과 함께했지만 또한 멀리서 울리는 포성소리와도 함께했다.

오스왈드를 통해 그리스도를 믿게 된 군인들. 뒤에 서 있는 오스왈드, 앉아 있는 캐스린.

오스왈드에게는 '패시'라고 이름지은 검은 털의 콜리가 있었다. 그는 이 개를 매우 좋아했다. 이 개 또한 비디가 돌봐야 했다. 매일 저녁마다 하루 일과를 마친 후 비디와 오스왈드는 개를 데리고 사막을 향해 달렸다. 방갈로로 만들어진 그들의 작은 집은 어두운 세상 속에서 빛이었다. 챔버스의 가정은 그곳에서 젊은 군인들에게 가정의 아름다움, 삶의 의미, 그리고 하나님을 향해 믿음을 가진 사람들의 용기가 어떠한 것인가를 보여주었다.

군인들은 비디, 오스왈드, 캐스린, 성경훈련대학에서 온 여러 사람들과 함께 가까이 지내게 되면서 예수 그리스도와의 인격적 관계를 발견했다. 그들 중에는 처음에 자신들이 무엇을 추구하는지 알지 못하는 사람들도 꽤 있었다. 그러나 시간이 지나면서 군인들은 오스왈드의 삶의 본을 보며 깨달았고, 특히 저녁마다 있는 오스왈드의 가르침을 통해 많은 것을 배울 수 있었다. 실천적인 믿음의 사람들을 접하게 되면서 그들은 그들의 진정한 고향을 발견했던 것이다. 그 결과로 전쟁의 소란과 소요 가운데에서도 그들 마음속에는 놀라운 평강이 찾아왔다.

이들 젊은 군인들은 세상 여러 곳으로부터 왔으며 서로 전혀 다른 배경을 가지고 있었다. 그런데 이들이 전능하신 하나님의 능력을 알게 된 것이다. 그들은 이 세상에 발생하는 그 어떠한 무서운 일들도 하나님의 능력을 이길 수 없다는 것을 믿게 되었다.

1917년, 오스왈드는 더운 여름에 더위를 피하기 위해 지하를 파서 지하실을 만들었다. 비디는 시간이 나기만 하면 지하실을 관리하고 청소했다고 한다. 나는 비디가 어떻게 그 넓은 지하실을 깨끗하고 단정하게 관리를 했을지 도무지 상상이 가지 않았다. 캐스린에 의하면, 그녀의 어머니는 노련한 일꾼이었으며 불평하지 않았다고 한다.

또한 오스왈드가 설교하러 간 동안에 비디가 그녀의 시간을 어떻게 보냈는지 알게 되면서 나는 내 입을 가릴 만큼 놀라게 되었다. 오스왈드는 군인들을 위해 쉼터 막사를 마련했는데, 비디는 자신의 남는 시간에 군인들이 쉼터 막사에 오면 즐거울 수 있도록 쉼터 막사를 청소하고 준비했다. 테이블을 흰색 테이블보로 깔끔하게 덮었다. 가운데에는 꽃병을 놓아서 쉼터 막사가 훨씬 돋보이게 했다.

아무튼 여주인으로서 비디 챔버스는 잠언에 묘사된 여성과 매우 비슷했다. 그녀의 품위와 자상함은 모든 사람들에게 조용하고 평안한 분위기를 만들어주었다. 캐스린마저 어머니 때문에 언제나 마음이 평안했다.

"자기의 집안 일을 보살피고 게을리 얻은 양식을 먹지 아니하나니"잠 31:27.

캐스린의 어머니는 그 바쁜 와중에도 매일 성경을 읽었다. 성경을 읽기만 하는 것이 아니라 또한 그대로 살았다. 하나님께서는 그러한 그녀를 책임지셨다.

"내가 주릴 때에 너희가 먹을 것을 주었고 목마를 때에 마시게 했고 나그네 되었을 때에 영접했고"마 25:35.

마음이 무거운 수도 없이 많은 군인들이 모래 위에 놓인 탁자에 앉아서 그곳에서 거저 제공되는 차 한 잔을 마시며 그 속에서 예수 그리스도의 사랑을 발견했다.

비디 챔버스는 위로자였다. 아무리 바빠도 그녀는 군인들과 동물들과 어린이들과 남편을 위해 시간을 내었다. 물론 일기도 매일 썼다.

그녀는 영국에서 속기사로 일했던 경험 때문에 오스왈드의 메시지를 그대로 받아 자신의 노트에 조심스럽게 그대로 기록할 수 있었다. 그때 그녀는 자신이 이 세상을 위한 메시지를 받아적고 있었다는 것을 알고 있었을까?

가끔 비디 챔버스는 아침 예배를 인도했다. 그녀는 하나님의 말씀으로 많은 사람들에게 커다란 깨달음을 나누어주었다. 메시지를 전한 후에는 다시 조용히 배고픈 군인들에게 줄 저녁을 준비하곤 했다. 무엇보다 비디 챔버스는 숙녀였다. 사전을 찾아보면 숙녀란 "부드럽고 예절 바른 여성"이라는 뜻이다. 그녀는 언제나 모든 사람들에게 예절 바르고 부드러운 여성이었다.

1917년 5월 25일, 비디와 오스왈드는 고통과 상처의 전쟁터에서 7주년 결혼기념일을 보냈다. 그날 그들은 아름다운 새벽을 함께 맞이했다. 그 새벽은 그들에게 하나님의 사랑의 피난처를 기억나게 했다. 하나님은 그들을 영국에서 옮기셔서 이집트에 심으셨다. 안락한 가정에서 뜨거운 방갈로로 옮기셨다.

어지러운 세상 중에 기쁜 소리 들리네
예수 말씀하시기를 믿는 자여 따르라

세상 헛된 신과 영화 모두 내어버렸네
예수 친히 하신 말씀 날 더 귀히 여겨라

주여 크신 은혜로써 부름 듣게 하시고
복종하는 맘을 주사 따라가게 하소서

그 후 오스왈드는 세상을 떠났다. 1917년 11월 15일, 비디와 함께 7주년 결혼기념일 보낸 후 6개월도 채 지나지 않아, 챔버스 부인은 과부가 되었다. 그녀는 그때 33세였다. 오스왈드가 이 세상을 떠난 후에도 비디 챔버스는 언제나 오스왈드가 하던 말을 인용하며 마음을 가다듬었다.

"하나님이 인도하시는 곳이면 나는 어디나 기쁨으로 따라가리라."

비디는 남편을 갑자기 잃은 후에 하나님의 말씀으로 그 슬픔을 이겨냈다. 비디는 자신의 남편과 영원히 작별한 것이 아님을 알고 있었다. 따라서 하나님을 믿는다는 것은 비디에게 있어서 낙심하지 않기로 결심하는 것이었다. 그러한 때 그녀의 믿음은 하늘의 뜬구름이 아닌 그녀의 현실의 삶 속에서 실체로 나타났다.

하나님께서 갑자기 오스왈드 챔버스를 하늘로 데려가신 후에 비디 챔버스는 눈물이 그녀의 마음의 고통을 해결하지 못하는 것을 알게 되었다. 따라서 그녀의 선택은 분명했다. 1917년 11월, 이집트 자이툰의 예배실 막사 내의 딱딱한 나무의자에 홀로 앉아 그녀는 오스왈드가 군인들에게 설교하는 소리를 여전히 들을 수 있었다. 오스왈드는 군인들에게 약속하기를, 예수 그리스도를 따르기로 결정하면 영생을 얻게 될 것이라고 했다.

오스왈드가 세상을 떠난 후 약 3주 후에, 예배실 막사에 홀로 앉아 있던 비디 챔버스는 오스왈드가 쓰던 성경을 조용히 읽고 있었다. 그때 그녀는 가까이 있는 듯한 남편을 느낄 수 있었다. 남편은 베일을 넘어서서 예수님과 함께 있었다. 그 순간 그녀는 남편이 1917년 10월에 성경훈련대학의 학생들에게 썼던 편지를 보게 되었다. 그 편지를 발견한 후 그녀는 너무 놀랐다. 그 내용은 그들이 매일 주님을 신뢰하면 생명의 근원이신 예수 그리스도께서 그들을 강하게 지키실 것이라는 메시지였다. 그는 그들에게 하나님께서 상황을 주장하시는 것을 믿고 오직 예수님과의 인격적 관계에 집중하라고 권면하고 있었다. 무엇보다 그 편지에는 “더 좋은 것은 아직 오지 않았다”는 성경훈련대학의 표어가 적혀 있었다. 그녀는 그 편지를 읽으며 실제로 그리스도의 임재를 체험할 수 있었다.

"챔버스 부인!"

군복을 차려 입은 젊은이가 막사 입구에서 머뭇거리고 있었다.

"누구세요?"

깜짝 놀란 비디가 웃음을 띠며 돌아보았다.

"들어가도 될까요?"

그 청년은 모자를 손에 쥐고 있었다.

"그럼요. 들어오세요."

비디는 그 군인에게 책상에서 멀지 않은 나무의자에 앉으라고 손짓했다.

"궁금한 게 있어요."

그는 모자를 만지작거리더니 눈을 아래로 내렸다. 그래서 그의 눈물이 보이지 않았다.

"그래요? 뭐가 궁금하세요?"

비디는 마음이 아팠다. 그 사람의 아픔을 느낄 수 있었다.

"선생님이 없이 우리가 어떻게 지내야 하지요?"

그의 아랫입술이 떨렸다. 그런 중에도 그는 어깨를 펴고 비디의 답변을 들으려고 했다.

"글쎄요."

비디는 그의 비통을 보지 못한 것처럼 차분하게 대답했다.

"함께 하나님의 진리를 배우면 되지요. 계속 주님의 말씀에 순종하면 주께서 우리를 지켜주실 거예요!"

그러면서 시편 말씀을 크게 읽어주었다.

“내가 산을 향하여 눈을 들리라 나의 도움이 어디서 올까 나의 도움은 천지를 지으신 여호와에게서로다 여호와께서 너를 실족하지 아니하게 하시며 너를 지키시는 이가 졸지 아니하시리로다 이스라엘을 지키시는 이는 졸지도 아니하시고 주무시지도 아니하시리로다 여호와는 너를 지키시는 이시라 여호와께서 네 오른쪽에서 네 그늘이 되시나니 낮의 해가 너를 상하게 하지 아니하며 밤의 달도 너를 해치지 아니하리로다 여호와께서 너를 지켜 모든 환난을 면하게 하시며 또 네 영혼을 지키시리로다 여호와께서 너의 출입을 지금부터 영원까지 지키시리로다”시 8편.

매우 우연인 듯이 보이는 사건이었지만 이 순간이 하나님의 놀라운 계획의 시작이었다. 그 이유는 오스왈드 챔버스의 메시지가 이때부터 세상을 향해 나아가기 시작했기 때문이다. 슬픔을 당한 이 군인에게 비디의 사랑스러운 답변은 그녀가 기록한 모든 것들을 인쇄하는 섭리로 이어지게 되었다. 사람들은 오스왈드의 메시지를 원했으며 많은 사람들이 전선에 있는 군인들에게 나누어줄 수 있는 책들이 만들어질 수 있도록 돕기 시작했다. 매시간, 매일, 매달마다 오스왈드의 가르침이 글로 나왔고, 인쇄되었으며, 위로를 기다리는 갈급한 모든 영혼들에게 나누어졌다. 1918년까지 YMCA는 오스왈드 챔버스의 글을 인쇄하고 배포하는 일을 책임지고 감당했다.

1918년에 독일이 연합군과의 정전협정에 동의함으로써 1차 세계대전은 끝나게 되었다. 이 무서운 전쟁은 수백만 명을 죽였다. 통계에 의하면 적어도 이천만 명 이상의 군인들이 눈이 멀고, 손과 발이 잘리고, 절름발이가 되었다고 한다. 어떤 군인들은 폭격으로 인해 완전히 식물인간처럼 되기도 했다. 그 누구도 얼마나 많은 사람들이 실종되었는지 정확하게 아는 사람이 없다. 이처럼 1차 세계대전은 전 세계에 엄청난 충격을 남겼다.

군인이든 시민이든 상관없이 세계 전쟁이라는 끔찍한 상황 속에서 자신들의 삶을 잃었다. 그때 하나님은 어디에 계셨을까? 하나님은 그곳에 계셨다. 전쟁의 비참함 가운데서도 누구든지 구하기만 하면 예수님께서 그들에게 영생과 천국을 허락하셨다.

"구하는 이마다 받을 것이요 찾는 이는 찾아낼 것이요 두드리는 이에게는 열릴 것이니라"눅 11:10.

1919년 5월, 자이툰 예배실 막사에서 오스왈드가 외친 가르침 중 하나가 인쇄되었다. 그 책자는 만 부가 인쇄되었는데, 즉시 팔레스타인, 이집트, 프랑스의 군인들에게 배포되었다.

오스왈드의 삶은 그가 죽은 후에 그의 사역을 이어받은 다른 사람들에 의해 알려지기 시작했다. 자이툰의 사람들은 변함없이 오스왈드의 가르침을 매일 칠판에 적어놓았다. 사람들은 그의 메시지를 알리기 위해 당장 할 수 있는 일부터 했다. 그들의 열정은 대단했다.

오스왈드의 더 많은 자료를 요청하는 우편들이 매일 쏟아졌다. 비디는 속기로 기록된 내용들을 계속 글로 써내려갔다. 그 일은 비디의 일과가 되었다. 캐스린은 작은 당나귀를 타고 행복하게 재잘거렸으며 비디가 사랑할 만한 동물들을 계속 어디에선가 얻어서 데리고 왔다. 그 후 1919년 7월, 하나님께서는 비디로 하여금 이집트에서 머무는 시간을 마치게 하셨다.

젊은 과부인 비디 챔버스는 어린 캐스린을 데리고 영국의 고향으로 돌아왔다. 그러나 세상은 전쟁으로 인해 피해가 심했다. 어린 캐스린은 그러한 세상을 직면해야 했다. 비디 챔버스와 캐스린에게 하나님이 허락하신 또 다른 삶이 펼쳐진 것이다.

맺음말

하나님 안에 감추어진 그리스도의 생명

"캐스린! 안녕하셨어요? 런던의 더위는 어떠한가요? 지난 밤 뉴스에 런던의 무더위가 심하다고 보도하던데요."

"덥지요. 너무 뜨거워요."

캐스린은 호호 웃더니 콜록 기침을 했다.

"어디 아프세요?"

나는 물었다.

"그냥 기관지염이에요. 요새 공기가 별로 좋지 않아요. 레이디도 별로 좋지 않지요. 개가 하루 종일 누워 있답니다."

"개들은 날씨에 관해서 우리보다 더 잘 알지요."

나는 재빨리 대답했다.

"쿠키가 레이디에게 멍멍하고 인사하네요. 그런데 한 가지 질문을 해도 되나요?"

"얼마나 큰 질문인데요?"

캐스린은 다시 기침을 했다.

"몸이 좋지 않으시면…."

"잠깐 물 한 잔 마시구요."

캐스린이 물을 한 잔 마시러 간 동안 나는 질문을 준비했다. 예전처럼 너무 오래 끌면 안 될 것 같았다.

"저 왔어요. 다시 시작해봐요."

"좋아요. 시작합니다. 무엇보다 당신 어머니는 사업적 기질이 많으셨는데, 특별히 영국으로 돌아온 이후에 어머니는 대학교 학생들을 위해 하숙을 치면서 밤에는 당신 아버지의 글들을 타자로 치셨지요. 맞나요?"

"맞아요."

"혹시 전화를 끊어야 하면 말씀해주세요."

캐스린은 내게 친절했지만, 나는 그녀가 더위 가운데 앉아서 기침을 하지 않으려고 애를 쓰는 모습이 안쓰러웠다.

"그렇게 하지요. 최선을 다해서 요점을 말해봐요."

그녀는 따스하게 대답했다.

"좋아요. 고맙습니다. 당신 어머니는 1966년 1월 15일에 천국으로 가셨지요. 그때 83세였구요. 맞지요?"

"그래요."

"다음은 제가 당신 어머니에 대한 저의 생각을 정리한 것입니다. 나중에 내용을 보내드리지요. 혹시 잘못된 것이 있으면 고쳐주세요."

- 어떤 종류의 여성이 직업도 없고 살 장소도 없고 미래도 불안한 남자에게 자신의 삶을 헌신하기 위해 자유를 포기할 수 있을까?
- 도대체 무엇이 한 여성으로 하여금 실제로 한 남자 때문에 지구 끝까지 좇아가서 수천 수만의 번민하는 군인들을 섬기는 일을 하게 했을까?
- 어떤 종류의 여성이 자기 식구도 먹을 것이 없는 난감한 상태에서 조금도 힘들어하지 않고 손님은 물론 추가로 수십 명의 사람들을 먹일 수 있을까?
- 어떤 종류의 여성이 내리쬐는 태양열을 피하여 땅굴 지하에서 살면서 불평 한마디 하지 않을 수 있을까?
- 어떤 종류의 여성이 자신의 모든 것을 잃고, 심지어 자신의 모든 삶을 다 바친 남편마저 잃고, 그것도 순식간에 가정의 안전과 남편의 사랑을 잃고, 감당 못할 비통을 이기고 앞으로 나아갈 수 있을까?
- 어떤 종류의 여성이 지독한 가난 가운데 홀로 계속 외동딸을 키울 수 있을까?
- 어떤 종류의 여성이 새벽부터 밤까지 그렇게 오랫동안 일을 한 후에, 하루 일과가 마친 후에 자신의 '진짜 일'을 또 시작할 수 있었을까? 어떤 종류의 여성이 죽은 남편의 메시지에 대한 속기 기록들을 다른 사람들이 읽을 수 있도록 글을 쓸 수 있었을까?
- 어떤 종류의 여성이 하나님만을 확신하는 가운데 불투명한 매일의 삶을 직면할 수 있었을까?

"그것이 다 질문인가요?"

캐스린은 크게 웃었다. 그러나 기침은 하지 않았다. 그래서 나는 기뻤다. 레이디가 짖는 소리가 전화기를 통해 들렸다.

"레이디가 또 나가야 하나요?"

"그래요. 나중에 나의 어머니에 대한 시를 써서 당신에게 보내드리지요. 아마 당신의 질문에 대한 답이 될 거예요."

"당신이 시를 쓰는 줄은 몰랐어요."

"시를 조금 쓰지요."

그때 레이디가 더 크게 짖으며 조르는 소리를 들을 수 있었다. 며칠이 지나지 않아 캐스린은 내게 자신의 어머니에 대해 쓴 시를 보내주었다. 그 시는 다음과 같았다.

당신이 하신 말씀뿐만 아니라,
당신이 고백하신 행동뿐만 아니라,
자신이 전혀 의식하지 않는 가운데
그것은 표현되었습니다.
화려한 웃음에서?
이마 위의 거룩한 빛에서?
아니지요.
당신이 방금 미소 짓는 바로 그때 주의 임재를 느꼈답니다.
당신이 가르치신 진리는
당신께는 너무나 확실했지만 내게는 불투명했던 것.
그러나 당신이 내게 오면, 당신은 주님을 느끼게 했습니다.
당신의 눈을 통해 주님께서 나를 부르셨고

당신의 가슴을 통해 주의 사랑이 흘렀습니다.

내가 당신을 보지 못하고 오직 예수 그리스도만이 보일 때까지.

– 무명

힘내시고, 힘차게 추진하세요. 저는 당신이 하는 이 일이 잘 될 것이라고 확신한답니다. 많이 사랑해요. 당신의 마음속에 나의 어머니에 대한 책이 있다는 것이 기쁘답니다. 레이디가 당신의 작은 강아지 쿠키에게 사랑을 전하네요.

사랑합니다. 하나님께서 당신을 축복하시길.

캐스린 드림

그 시 아래에 캐스린은 추신을 썼다. 나는 시가 들어 있는 캐스린의 편지를 읽으며 눈물이 핑 돌았다.

"어떻게 그 시에 무명이라고 사인을 했을까."

나는 쿠키에게 말했다.

겸손한 마음과 하나님의 사랑으로 충만했던 캐스린은 그녀의 어머니의 삶의 비결이 무엇인지 그 해답을 알려주었다. 그것은 하나님 안에 감추어진 그리스도의 생명이었다. 남편 오스왈드 챔버스처럼 비디 챔버스는 예수 그리스도를 따랐던 것이다.

그 후 1997년 5월 30일에 나는 안타까운 연락을 받았다. 캐스린 챔버스가 이 세상을 떠나 어머니와 아버지가 계신 하늘나라에 가셨다는 통보였다. 그녀의 나이 84세였다.

캐스린이 세상을 떠난 사실을 알고 나는 한동안 슬픔 가운데 외로움을 느꼈다. 그러나 그녀로부터 배운 것 때문에 나는 내가 혼자가 아니라는 사실을 알고 있었다. 즉, 하나님께서 나와 함께 계시다는 사실 말이다. 캐스린은 내가 하나님을 가장 사랑하기를 원했겠지.

이 땅의 모든 꽃들이 자신들의 꽃을 피우기 위해 애쓴다. 그러나 그 꽃들을 화려하게 피우시는 분은 하나님이시다. 하나님의 사랑과 간섭이 꽃들로 하여금 꽃을 피게 한다. 캐스린 챔버스는 내게 아침마다 찾아오는 기쁨을 알려주었다. 그리고 아침은 언제나 온다는 사실을 깨닫게 해주었다. 따라서 나는 언제나 기쁨을 누리게 되었다. 우리는 장미와 수선화처럼 때로는 풍랑과 햇볕과 비를 맞지만, 하나님의 아들은 영원히 빛나며 우리와 함께하신다.

내 일기장에 나는 다음과 같이 썼다.

"비디 챔버스는 하나님을 신뢰했다. 그녀가 하나님을 신뢰했기 때문에 그녀의 남편 오스왈드 챔버스가 남긴 수백 만의 단어들이 슬픈 영혼들에게 전달될 수 있었고, 그 단어들은 그 영혼들 가운데 뿌리를 내리더니 예수 그리스도와의 인격적 관계로 자라나게 했다."

예수 그리스도를 믿는 신자들인 우리에게 마지막이란 있을 수 없다. 우리는 서로 다시 보게 될 것이다. 나는 그날을 간절히 고대한다.

비디 챔버스를 찾아서

1판 1쇄 2009년 6월 30일
1판 2쇄 2021년 1월 25일

지은이 마르다 크리스천
옮긴이 스데반 황
발행인 조애신
책임편집 이소연
디자인 임은미
마케팅 전필영, 고태석
경영지원 김정희, 전두표

발행처 도서출판 토기장이
주소 서울시 마포구 망원로 26 토기장이 B/D 3F
출판등록 1998년 5월 29일 제1998-000070호
전화 (02) 3143-0400
팩스 (02) 3143-0646
이메일 tletter@hanmail.net
페이스북 www.facebook.com/togijangibook
인스타그램 @book.library.togi

ISBN 978-89-7782-179-8

도서출판 토기장이는 생명 있는 책만 만듭니다.
"우리는 진흙이요 주는 토기장이시니 우리는 다 주의 손으로 지으신 것이니이다" (이사야 64:8)